教學類叢書

國文疑難彙解

解惑篇

（上）

王熙元・黃慶萱◎等著

萬卷樓圖書有限公司出版

目　錄

字　詞　語　音

解　惑　篇

目　錄

解　惑　篇

目　　錄

解　惑　篇

目　錄

成 語

目　　錄

序

《國文天地》雜誌，從民國七十四年創刊開始，每期有一個頗受歡迎的專欄——〈解惑篇〉。顧名思義，闢建這一專欄的目的，在爲國文老師或社會大衆解除國文方面的疑惑。中國古代文獻浩如煙海，舉凡字形音義、詞語成語、文法修辭、訓詁考據，乃至文學常識、思想文化問題等等，在吾人讀書研究的過程中，不可能無惑，有時字書、辭書及一般工具書遍查無著，或各書所說不同，令人莫衷一是，這時便需要請教專家，以解心中之惑。

凡讀者有任何不解之惑，只要將問題簡要提出，寄給《國文天地》，編者就會分函國學界具有某方面專長的學者專家，請他們執筆解答。負責解答的專家，大部分是國內各大學中文系所教授，偶然也有高中國文教師；

解惑篇

至於發出問題的讀者，則多數是中學老師，也有愛好國文的社會大衆。長久以來，這一專欄蔚成一個特色：一個讀者與學者間相互問難、解惑的園地，相信曾經爲讀者解決過不少讀者經驗中所遇到的困惑問題。

從民國七十四年六月到八十一年六月，〈解惑篇〉陸續維持了整整七年的歲月，最近有人建議恢復這一專欄，編者正在審慎考量中，可能將在適當時機重新出發。在過去七年有成而第二階段尚未起步的時機，將這一專欄的內容全部重新排版出書，以書本的形態再與廣大的讀者見面，應該是一件深具意義的事，一則讀者可以溫故而知新，二則可供查詢參考之用。韓愈認爲解惑是老師的責任之一，然則〈解惑篇〉堪稱是大家一位無形的「老師」。

莊子曾說：「大惑者終身不解。」學問上的疑惑，定有無數的小惑，或有關生命的大惑，如果真的都「終身不解」，則「惑」存於心中，始終是一團迷霧，等到疑惑一旦解除，彷彿撥雲霧而見青天，不再如墮五里霧中，所以〈解惑篇〉在幫助大家撥開迷濛的雲霧，見到一片知識學問的青天。久存心中的疑惑，一旦化爲烏有，則心情之愉悅開朗，有時真非語言

序

文字所能形容。

七年所累積的讀者之惑與學者所解的惑，如今重新整理，發現問題範圍十分廣泛，而內容也甚爲豐富，因而依問題性質分爲若干類別：一是字詞語音類，如〈字的讀音和語音〉、〈「蓼莪」篇的韻腳〉等，問題多達一百七十二個。二是成語類，讀者所提出的問題，如〈「不可理喻」的用法〉〈「豁然開朗的詞性〉等，凡三十三則；三是文學類，如〈什麼是寓言?〉、〈文言、白話如何區分〉等，包括五十一個有關文學的問題，都一一獲得專家們的解答，原有的雲霧早已煙消雲散。四是文化常識類，如〈何謂圖騰?〉、〈古人如何占卜?〉等常識問題，共有六十項；五是治學方法類，如〈讀古文從何下手?〉、〈怎樣學作文言文?〉等十一個問題，可見讀者之好學；六是人物類，如〈孫叔敖的名字〉、〈誰是韓荊州?〉等，共有二十五個問題；七是思想類，如〈楊朱果真自私自利?〉、〈何謂形象思維?〉等，十六個屬於思想的問題，都一一爲讀者尋求解脫，而得到很好的答覆。

所有負責解答者的職銜，都以作答當時的職銜爲準，以保存當年的「歷史」真相。雖然時過境遷，問難者與解惑者當初心中的疑與所解的惑，都已化作文字記錄，成爲恆久的對話，讓它們在書本中保存與再生，因爲同樣的疑惑，也許是許多人共同的疑惑，而需要求解，希望這部書能成爲大家案頭的顧問、書齋的朋友、解惑的老師。如遇難解的疑惑，不妨翻閱〈解惑篇〉，也許你的疑惑正在其中。對七年的踴躍提出許多疑惑問題的朋友，和辛勤翻檢資料，不憚煩勞，負責解答的學界先進與專家們，在此一併表達我們由衷的感謝。

王熙元

民國八十二年　七月　十二日

序於國立台灣師範大學文學院

字詞語音篇

字的讀音和語音

問 一個字倘若有讀音和語音之別，請問何時該唸讀音？何時該唸語音？（讀者・韋淑花）

答 嘉義女高圖書館主任高明誠：一個字什麼時候該唸「讀音」，什麼時候該唸「語音」似無規定。然而一般說來：古文用讀音、白話用語音。本來應該唸「讀音」的地方，倘若您唸「語音」那就算錯。因爲古籍經傳裡往往有押韻的字，一唸語音便落韻了。在詩詞歌賦裡，尤注重音節韻律，要是用語音唸，不但不協韻並且連平仄四聲都搞錯哩！平仄聲韻可說是詩詞歌賦裡的靈魂。所以通常唸古書吟詩詞的時候，必須用「讀音」，現在以「黑白」二字爲例，來說明這個道理：

一、《道德經》：「知其白，守其黑，爲天下式，常德不忒，復歸於無極。」「白、黑、式、忒、極」五字是押韻。一查詩韻便知：「白」屬於入聲十一陌，古通「職」韻。「黑、式、忒、極」皆屬於入聲十三職。此五字都是仄聲韻。如果把黑白（ㄏㄜˋ ㄅㄜˋ）唸成黑白，那就等於把仄聲誤讀爲平聲，而韻也變了。因此唸古書必須要用「讀音」才行。

■老子圖

二、「黑」字由於押韻的關係必須用「讀音」的例子：李清照〈聲聲慢〉：「守著窗兒，獨自怎生得黑。梧桐更兼細雨，到黃昏，點點滴滴。這次第，怎一個愁字了得。」杜甫〈夢李白〉：「恐非生平魂，路遠不可測。魂來楓林青，魂返關山黑。」

三、「白」字由於押韻的關係必須用「讀音」的例子：〈正氣歌〉：「顧此耿耿在，仰視浮雲白。悠悠我心憂，蒼天曷有極。」〈赤壁賦〉：「看核既盡，杯盤狼藉。相與枕藉乎舟中，不知東方之既白。」

由此可見，凡押韻的地方一定要用「讀音」。除此，詩詞裡的平仄四聲也有嚴格的規定。倘若用語音唸就不順口了。詩人有「一三五不論，二四六分明」語，雖規定了平仄，有幾個地方平仄仍可通用。但「一三五不論」的話，卻嫌含糊。所謂不論就是可平可仄的意思。遇到「一三五不論」的地方，最好還是唸讀音。

四、「黑」字由於平仄的關係要用「讀音」的例子：〈塞下曲〉：「月黑雁飛高，單于夜遁逃。欲將輕騎逐，大雪滿弓刀。」

「黑」字若唸語音（ㄏㄟ）就成拗句。因與國語第一聲陰平相混，所以一定要唸ㄏㄜˋ才行。〈木蘭詩〉：「旦辭黃河去，暮宿黑山頭。」

五、「白」字由於平仄的關係要用「讀音」的例子：李白〈送友人〉：「青山橫北郭，白水繞東城。」「青山」對「白水」，「白」字要唸入聲。崔顥〈黃鶴樓〉：「黃鶴一去不復返，白雲千載空悠悠。」

究竟為什麼會有讀音和語音之別呢？這問題相當複雜。簡單地說：是由於古今音之變。讀音頗近古音，而語音即是今音。比方《國殤》：「『車』錯轂兮短兵接」。《論語》：「願『車』馬衣輕裘」，該用讀音「居ㄐㄩ」；至於「車」票、「車」馬費，「車」子，該唸語音「ㄔㄜ」，您說「車」（ㄐㄩ）來了，誰聽得懂呢？

——摘錄自《國文天地》七十五年十月號

讀音、語音的用法

問

趙元任博士所著《語音問題》（商務印書館出版）一一六頁有云：「多數的方言，如果有讀音、語音兩讀的，總是語音近乎古音，讀音離古音遠一點。北方「白」唸ㄅㄛˊ就沒有唸ㄅㄞˊ那麼古。因爲唸ㄅㄛˊ puo˧˥ 古音的 -k 就完全掉了，唸ㄅㄞˊ pai˧˥ 時，韻尾 -i 即是 -k 留下來之痕跡。」按平日我們讀文言文或古詩詞用讀音，讀白話文用語音，應是讀音較近古音方是，何以趙博士的說法與我們平素所言大異？（屏東讀者．林彩霞）

答

臺灣師大國文系副教授姚榮松：首先要認識讀音和語音代表什麼樣的區別？前者代表一種書面語的音韻系統，後者是說話中實際的語

解惑篇

音，是歷代相傳的活語言的主體。讀書音並不等於比較古的音，它也是長期發展下來的「雅言」系統，這種系統有一致性，主要是有傳統韻書作依據，一般多以《廣韻》爲間架。我國語言文白分家時代很早，因此，讀音和語音都能往上追溯。一個字的文白兩讀的區別，主要是看它出現的詞彙，例如「白」字只有在「李白」、「白居易」、「白頭吟」、「白日依山盡」這些場合才唸ㄅㄛˊ，而語音的ㄅㄞˊ，就泛稱一切白色的東西都可用。要知道那一個音比較古，只有從古今音的比較得來，漢語源遠流長，古音的觀念也要分期，通常把隋唐時代的《切韻》音系當作中古音的代表，周秦的《詩經》韻代表上古音。趙先生的說明只追溯到中古音，白字在中古是個入聲字，收 -k 尾，根據研究，中古入聲凡有 -p、-t、-k 三種韻尾，三種韻尾在國語全部消失，聲調也改入其他調，但這些收 -k 的入聲字的國語韻母，往往有帶 -i、-u 尾的一讀，例如：白 pai˧˥ 色 ai˧˥ 北 pei˥ 黑 xei˥·，薄 pau˧˥ 學 ɕiau˧˥ 熟 ʂou˧˥ 肉 ʐou˥˩，這些 i、-u 韻尾和中古入聲 -k 尾對應不是偶然。相反的，另外一讀，如白 puo˧˥

色 srV 北 puoИ黑 xrV，薄 puo˥˩學 ɕye˥˩，熟 ʂu˥˩肉 ʐuV看不出什麼系統。如果要替這兩組音找來源，我們就把收 -i，-u 尾的白讀作為《切韻》音系的嫡傳。由此可見趙先生說「語音近乎古音」完全是比較得來的，所謂「讀音離古音遠一點」，是指系統的不相近或不成系統，並不一定是「時間晚一點」。就國語而言，常常是晚於《切韻》，例如：薄、縛、落、鑿等字，《中原音韻》（元代）重出於歌戈和蕭豪兩韻，即是現代文讀 -uo 白讀 -au 的來源，只有讀 -au 的韻尾 -u 和它們的中古韻尾 -k 相對應。可見國語文讀的 -uo 確實比較不像中古音。

換個方言來看問題。閩南語是文白異讀差異最大的方言，「分、飛、芳、紡」讀音是hun˥，hui˥，hcŋ˥，hcŋ˥˩，語音是pun˥，puei˥，páŋ˥，páŋV，前者聲母是舌根擦音ㄏ，對應於國語的唇齒擦音ㄈ，根據清人的研究結果「古無輕唇音」，凡中古唸輕唇（國語讀ㄈ）上古都唸重唇音（即閩語的ㄅ、ㄆ等），由此可見，上列四字語音的聲母正保存上古音的痕跡，這不是比來自《切韻》輕唇音的文讀更接近古音嗎？這也是成系統地和古音比較的結果。閩南語的文讀，一般都和《切韻》相對應，因此也和國語的讀法相近，例如：前、錢、千、寒，讀音是 tsian˨˦，tsian˨˦，tsian˥，han˨˦，語音是 tsiŋ˨˦，tsĩ˨˦，tsʻiŋ˥，ku˨˦，讀音的韻母很整齊，和國語的ㄢ，ㄧㄢ對應。語音分讀三種韻母，其中 -iŋ 是收 -ŋ，和《切韻》收 -n 也不合。鼻化的 -ĩ 和 uã 也不相稱，現在研究這個問題的人都認爲文讀是《切韻》以後的從別的語言（或者「北方」系統）移借來的，而白讀是從閩南語的固有系統演變來的，由於這個系統和已知的中古系統多不相合，它應該是超越中古音的系統，白話音既然來自更古的閩語，當然就近乎古音了。

林彩霞讀者說：「平常讀文言文或古詩詞用讀音，讀白話文用語音，應是讀音較近古音方是」，這是一般人對讀音、語音的來源缺乏認識，對古音的系統也沒有概念，「想當然耳」的一種誤解，從聲韻學和方言學的研究，可以使古今語音的錯綜關係，得到釐清。

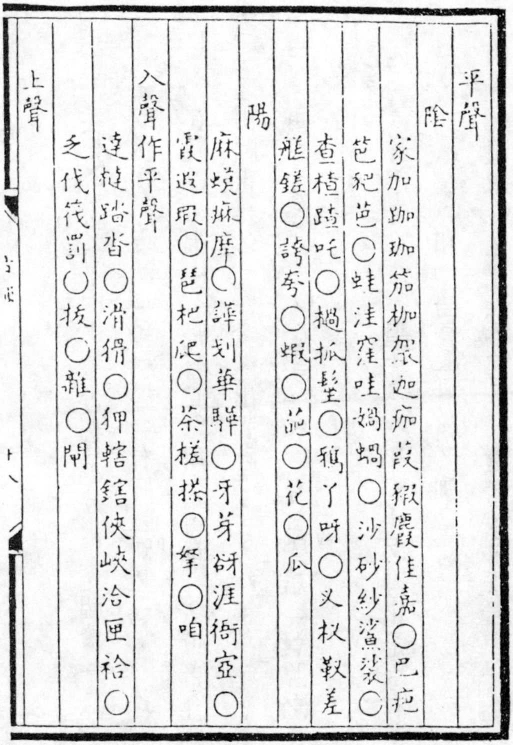
平聲
陰
家加跏珈笳枷袈迦痂葭豭麚佳嘉○巴疤
芭豝笆○蛙洼窪哇媧蝸○沙砂紗鯊裟○
查楂䶥吒○檛抓髽○鵶丫呀○叉杈扠差
艖鎈○誇夸○蝦○葩○花○瓜
陽
麻蟆痲䗫○譁划華驊○牙芽砑涯衙[illegible]○
霞遐瑕○琶杷爬○茶槎搽○拏○咱
入聲作平聲
達韃踏沓○滑猾○狎轄鍘俠峽洽匣祫○
乏伐筏罰○拔○雜○閘
上聲

■《中原音韻》的入聲已經分別變作了平、上、去聲

摘錄自《國文天地》七十六年七月號

「吟誦」和「唱」的區別

問

一、在詩歌吟唱中，是否必須分爲「朗讀」、「吟誦」、「唱」三步驟？「吟誦」和「唱」有何區別？

二、在詩歌吟唱中，是否必須用「古音」？可否介紹「今古音對照」之相關書籍？（作者、出版社）

三、可否介紹「古入聲字」和「今日國語」對照之相關書籍？（作者、出版社）

四、入聲字之唸法（唱法）、和詞性之變化是否有關？

五、「讀音」和「語音」有何區別？

六、「美讀」之意義爲何？（讀者·曾華君）

答

臺灣師大國文系教授陳新雄：一、現代人讀古體詩、近體詩，可分成「吟誦」與「歌唱」兩類。「吟誦」按詩的平仄聲律，把抑揚頓挫與詩意配合就可以了。這種「吟誦」法多指平常誦讀詩歌而言。至於「歌唱」，則配上作曲家的歌譜，像唱歌一樣的唱出來。「歌唱」多半用在演奏的場合。師大邱燮友教授編的《唐詩朗誦》裡頭收錄了「吟誦」與「歌唱」兩類，如有興趣，聽一聽就明瞭它們的差別了。

二、現代人吟唱詩歌，只須用現代人的語言聲音，不須用古音。今古音對照的相關書籍，搜羅字數最多的應推香港中文大學出版，周法高教授主編的《漢字古今音彙》了。

三、古入聲字與國語對照的書籍，教育部公布的《國音常用字彙》，每一音節後的字，如果是古入聲的字，都已標明，可供參考。筆者曾寫過一篇〈萬緒千頭次第尋——談讀書指導〉。發表在民國六十七年八月《幼獅月刊》四十八卷二期。介紹了一些從國語的讀音辨別入聲字的法則。現在收入台灣學生書局出版的《鍥不舍齋論學集》裡。另外一篇〈如何從國語的讀音辨識廣韻的聲韻調〉，收在同一集裡，也可供參考。

四、入聲字的讀法和詞性並無關係，只要在吟誦的時候把入聲字讀得短促些就可以了。

五、「讀音」指讀文言文的音，語音指講話或語體文的音。如「劍外忽傳收薊北」的「北」讀ㄅㄛˋ，就是讀音；「臺北的交通很混亂」的「北」讀ㄅㄟˇ，就是語音。

六、個人以爲「美讀」似應指詩文的「吟誦」，就詩文的平仄聲律，吟讀出抑揚頓挫來，且能跟詩文的情意密切配合。所謂「快讀唐詩，聲然淚下」，應該就是指「吟誦」與「美讀」來說的。

——摘錄自《國文天地》七十六年八月號

閩南、福佬、河洛話的區別

問 閩南話、福佬話、河洛話（語），三者意義相同嗎？如不同，區別何在？（臺南讀者・王穎）

答 **新竹師院語教系副教授羅肇錦**：三個稱呼所指的對象完全相同，因為分別從地域、種族、起源上來論它，所以有不同的說法。

一、**閩南話**：是從地域分布來認定的。閩語的主要地域分布在福建省及浙江南部、廣東東北、台灣和海南等地。其中廈門、金門、漳州、泉州、潮州、汕頭……等地，都在福建（閩）之南，所說的閩語，與閩北、閩東、閩中有別，所以叫閩南話。台灣的閩語，以漳州、泉州為主，當然也叫閩南話了。

二、**福佬話**：是從種族稱呼上認定的。早期中原人稱南方的蠻族爲「獦獠」、「狢獠」，後來提倡種族平等，於是照原音說成「福佬」、「學佬」、「鶴佬」。《六祖壇經．行由品第一》有一段對話——五祖曰：「汝何方人，欲求何物？」惠能對曰：「弟子是嶺南新州百姓，遠來拜師，惟求作佛，不求餘物。」五祖曰：「汝是嶺南人，又是獦獠，若爲堪作佛？」惠能曰：「人雖有南北，佛性無南北。」可見當時已稱嶺南一帶人爲「獦獠」。「獦」字是入聲，與「福」、「學」、「鶴」音相近，「獠」字與「老佬」意義相同，加上「福建人」稱「福佬」意義上很合襯，所以閩南話又有「福佬話」的說法。

三、**河洛話**：這個詞是從語族的起源來認定的。閩南人認爲，他們的祖先是早期從中原「河洛」一帶遷徙而來，語言保有許多古音古義，所以自稱「河洛」人。然而「河洛」與「獦獠」、「福佬」、「學佬」、「鶴佬」的語音不符合。因爲一般都稱閩南人爲hok-lo，前一個字入聲，後一個非入聲；但「河洛」正好相反，

「河」不是入聲，「洛」才是入聲。所以「河洛」一詞，極可能是後期閩南人，爲了證明閩南話是中原話而採用「河洛」一詞來替代hok-lo。

以上三種說法，都有它一定可信的道理，但以開放求眞的態度來論，今天應該以地域爲根據，說它是「閩南語」（Min dialect）比較能令人坦然。

——摘錄自《國文天地》七十七年十二月號

〈蓼莪〉篇的韻腳及其讀法

問 請問〈蓼莪〉篇全六章的韻腳在那裡？各屬何韻部？那些韻腳，若以古音來讀，該怎麼讀？請注出今音。（臺中讀者・黃麗芳）

答 **政治大學中文系教授朱守亮：**〈蓼莪〉全六章，各章韻腳如下：一、蒿、勞。二、蔚、瘁。三、恥、久、恃、至。四、我、我、我。五、烈、發、害。六、律、弗、卒。

至於古韻分部，各家區分不同，顧炎武分十部、江永分十三部、段玉裁分十七部、江有誥分二十一部，後來王力分「脂」、「微」爲二，而爲二十二部，近人多從之，如董同龢《漢語音韻學》便是。若將入聲韻部獨立，如陳新雄先生《古音學發微》，即分爲三十二部。依三十二部，則〈蓼莪〉所用韻部如下：一章爲「宵」部，次章爲「沒」部，三章爲「之」、「脂」合韻（至爲「脂」部），四章爲「歌」部轉「職」部（德、極爲「職」部），五章爲「月」部，六章爲「沒」部。

至於韻腳字之音讀，各家擬音未必一致，惟各部主要元音及韻尾之擬音，已趨一致：「宵」部讀 au，「沒」部讀 ɛt，「之」部讀 ə，「脂」部讀 æ，「歌」部讀 a，「職」部讀 ək，「月」部讀 at。

附帶要說明的是：第四章連續用「我」爲韻腳，同字連用的情形，是爲後代詩所避免，《詩經》時代尚無避諱。另外古韻分二十二部者，「沒」部歸「微」部，「職」部歸「之」部，「月」部歸「歌」部，只是分部時入聲韻是否獨立，在處理上有所不同而已，並不代表古音的判斷有所不同。

——摘錄自《國文天地》七十八年二月號

《詩韻》訂定的標準

問 《詩韻》是依據什麼標準訂定的？

（桃園讀者．李幼艮）

答 **中正大學中研所教授竺家寧**：近世讀書人作舊體詩所參考的《詩韻》，源於南宋平水劉淵編的《壬子新刊禮部韻略》，再併「拯韻」於「迥韻」，所以韻數由一〇七變爲一〇六，這個韻數的韻書通稱爲「平水韻」。劉書作於西元一二五二年，現已亡佚，其韻系由《韻會》保存下來。近世學者發現，劉書之前已有一部王文郁的《新刊韻略》，作於西元一二二九年，分一〇六韻，顯然屬平水韻系列。又有毛麾《平水韻》，成於西元一一七六年左右，因爲毛是金人，因此《詩韻》的產生很可能原出於金時功令，一〇六或一〇七的韻目都是金人所併合。併合的依據是當時（十二世紀）北方的實際語言。

——摘錄自《國文天地》七十九年元月號

「國語」的來源？

問 當北方官話被選作國語時，是不是有其他方言也列入考慮過？有什麼樣的歷史資料可尋？（新店讀者．史嘉琳）

答 **中正大學中研所教授竺家寧：**國語是各種方言的漢族人在長久交往的過程中，基於溝通的需要而自然產生的，它是全民共同熔鑄出來的語言。北平土話只是北平一地的方言，不是國語。所以我們聽北平人說話，很容易發現他的用辭、腔調，和一般通行的並不相同。至於民國初年，南北學者在會議桌上折衷妥協所制定的音讀，由於不合實際，不易推行，早就不是今天的國語了。所以國語是民族共同語，是所有中國人的母語。它包容了各種方言的特色：在語音方面，由於南方音的影響，捲舌成分變淡了，兒化韻消失了，複音節詞的輕聲也減少了；在詞彙方面，國語更是博大能容，「尷尬」、「揩油」、「煞有介事」、「癟三」是來自吳語的詞彙，「搞……」是來自四川話的詞彙，「板條」是來自客家話的詞彙，「買單」、「拍擋」是來自粵語的詞彙，「古早」、「假仙」、「雞婆」是來自閩南話的詞彙……。國語具有最簡單易學的音系，也有從各方言吸收來的，表現力最豐富的詞彙。因此，國語不僅是有效的溝通工具，也是「和諧」、「能容」的表徵。

每個歷史階段都有共同語的產生，古代把它叫做「雅言」、「通語」、「官話」，今天則稱之爲「國語」、「普通話」。歷代的經傳注疏、訓詁專著、韻書語料中都可考察其痕跡。可參考拙著《聲韻學》（五南書局出版）一書。

——摘錄自《國文天地》七十九年六月號

「呀」的讀音

問 國中國文課本第一冊第八課〈兒時記趣〉中「不覺呀然驚恐」的「呀」字，在七十五年度的課本中注音爲「ㄧㄚ」，然在七十四年度的課本中注音爲「ㄒㄧㄚ」，國文老師在教學間頗爲困擾，彼此討論，但莫衷一是，到底「呀」字應如何唸法才對？（南投讀者・陳梅菊）

答 臺灣師大國文系教授王熙元：「呀然」的「呀」應讀ㄧㄚ，七十五年度課本注音是正確的。據教育部《重編國語辭典》，「呀」字有兩個讀音，一個作狀聲詞、語助詞、嘆詞用，讀ㄧㄚ，如「呀然」是形容吃驚的樣子；一個作張口的樣子、空大的樣子解，讀ㄒㄧㄚ，複詞有「呀豁」、「呀呷」等，都與張口、空大的意思有關。兩音字義截然有別，彼此不相干，所以七十四年課本的注音，是就七十三年的錯誤注音而加以改正的。凡有關國語注音問題，請查閱教育部主編、臺灣商務印書館出版的《重編國語辭典》，當能解除不少疑難與困擾。

——摘錄自《國文天地》七十五年六月號

洗馬的「洗」該怎麼唸？

問

高中課本第三冊〈陳情表〉的「除臣洗馬」其中的「洗」字，應注ㄒㄧㄢ或ㄒㄧㄢˇ？高中課本注ㄒㄧㄢ，今翻閱文化大學的《大學字典》、啓業書局的新修《康熙字典》，均注ㄒㄧㄢˇ，不知孰是孰非？而七十年度的工專聯考正考「洗馬」的音義，敝人不知如何給學生回答。請看題目：「詔書特下，拜臣郎中；尋蒙國恩，除臣洗馬。」「洗馬」可：(A)讀寫爲ㄒㄧㄢˇ ㄇㄚˇ，是輔佐太子之官(B)讀爲ㄒㄧˇ ㄇㄚˇ，是清洗馬房之低級官職(C)讀爲ㄒㄧㄢˇ ㄇㄚˇ，是清洗馬房之低級官職(D)讀爲ㄒㄧˇ ㄇㄚˇ，是輔佐太子之官(E)讀爲ㄒㄧㄢ ㄇㄚˇ，是職位較低之官。（臺中大里讀者．張文榮）

答

臺灣大學中文系教授周鳳五：關於「洗馬」，可分兩方面說明。首言其官制沿革，洗馬之官，古書或作先馬（見《荀子．正論》、《淮南子．道應》、賈誼《新書春秋》、《漢書．百官公卿表》），或作前馬（見《周禮．夏官．齊右、道右》、《國語．越語》、《莊子．徐无鬼》），或作洗馬（見《韓非子．喻老》、《史記》及《漢書．汲黯傳》、《漢書．百官公卿表》如淳注引或本、《文選．李密陳情表》），或作馬洗（見《六韜．將威》）；此外，甲骨文有先馬（見誠四九二）、馬先（見鄴三下四十．九）；西周金文有先馬走（見令鼎銘），可見殷商以來已有此官。至其職掌，據文獻所載爲「前驅在馬前」（見《國語．越語》韋注），「居馬前，卻行，備驚奔也。」（見《周禮．夏官齊右》鄭注），原屬僕御前驅性質，漢以後演變成爲「職如謁者，太子出，則當直者在前導威儀。」乃東宮屬官，太子的侍從。南北朝以後改隸司經局，轉爲專掌圖籍之官，直至清光緒年間改官制始廢。

至於「洗馬」的讀音，若依上述官制沿革及其原始職掌，則讀

ㄒㄧㄢ（先）並無不可。但此官自《漢書》以下相承作「洗馬」，今日讀古書，於古人名、地名、官名等，習慣上多保留其早期的音讀（如：尉作姓氏與官名廷尉讀ㄩˋ，番作姓氏讀ㄆㄛˊ，作地名番禺讀ㄆㄢ），古書於「洗馬」不標異讀ㄒㄧㄢˇ（如：律名姑洗），依慣例當讀如字（音ㄒㄧˇ）。不過，元代熊忠的《古今韻會舉要》一書，於上聲銑部下收「先」字云：

> 前也。漢志：「太子太傅、少傅屬官有先馬。」張晏曰：「先馬員十六人，秩比謁者。」如淳曰：「前驅也。」……或作洗。

按：《廣韻》「先」字只有「蘇前切」（ㄒㄧㄢ）「蘇薦切」（ㄒㄧㄢˋ）二讀，《古今韻會舉要》讀ㄒㄧㄢˇ不知何據，疑由「洗」字異讀而來。但相沿既久，已成習慣，則「洗馬」之「洗」仍以讀ㄒㄧㄢˇ爲宜。

——摘錄自《國文天地》七十四期十月號

「尉」的讀音

問 貴刊第五期《解惑篇》中，臺大周鳳五教授答覆「洗馬」之讀音時，提到「尉作姓氏與官名廷尉讀ㄩˋ」。今國中課本第三冊第八課〈張釋之執法〉中有「廷尉」一詞，經查《國語辭典》及三民書局《大辭典》，「尉」字均注「ㄨㄟˋ」音，請周教授就此一詞語之讀法，再作說明。（讀者・王珮珺）

答 臺灣大學中文系教授周鳳五：《說文解字》：「㷉从上按下也。从𡰥，又持火，所以申繒也。」此即今熨斗之熨的本字。段注：〈百官公卿表〉應劭注曰：「自上安下曰尉，武官悉以爲稱。」

解惑篇

是則武官之尉正取義於熨斗之熨。熨字今讀ㄩˋ，我是四川人，吾鄉讀廷尉之尉爲ㄩˋ，與熨音正合。唯《廣韻》以下，官名之尉皆音ㄨㄟˋ，方言固然可以提供研究的線索，甚至保留古音，但站在統一讀音的立場，仍應以《國語辭典》爲準，則廷尉當讀ㄊㄧㄥˊㄨㄟˋ爲宜。我因《說文》尉字本義爲熨，且家鄉方言音ㄩˋ的緣故，習而不察，第五期《解惑篇》拙作若改作：

尉音ㄨㄟˋ，作姓氏又音ㄩˋ；射音ㄕㄜˋ，作官名僕射讀ㄧㄝˋ。

就明確多了。話說回來，字音問題一直是最令人困擾的，其中不僅有歷史的以及方言的因素要考慮，更往往涉及語音的自然演變。即以熨字爲例，國語又音ㄩㄣˋ，就是ㄩ音在「熨斗」一詞中受斗字舌尖音影響而產生的。類似的例子很多，恕不一一列舉了。

——摘錄自《國文天地》七十五年六月號

《論語》的「論」字該讀陽平或去聲？

問 常聽到「論語」二字音「ㄌㄨㄣˊ ㄩˇ」，但此書分明是孔門師生論（ㄌㄨㄣˋ）難的言行紀錄，何以不唸成「ㄌㄨㄣˋ ㄩˇ」呢？（苗栗讀者．陳希孟）

答 **政治大學中文系教授李威熊：**《論語》的「論」字有兩個讀音，見於《廣韻》、《集韻》等韻書。一作「盧昆切」，讀作「ㄌㄨㄣˊ」；一作「盧困切」，讀作「ㄌㄨㄣˋ」。讀「ㄌㄨㄣˊ」、讀「ㄌㄨㄣˋ」，在意義上並無太大不同。但「論」字到底什麼時候該讀陽平？什麼時候該讀去聲？完全看「論」和其他單字合成複詞後，在發音上的自然、動聽爲準則。如「討論」，讀成「ㄊㄠˇ ㄌㄨㄣˊ」就不容易發音，也缺乏抑揚頓挫的美感，若是讀爲「ㄊㄠˇ ㄌㄨㄣˋ」，則極其自然。又如《論語》，「語」是上聲字，如「論」再唸去聲「ㄌㄨㄣˋ」，音調有欠和諧，也缺乏變化，因此唸「ㄌㄨㄣˋ ㄩˇ」，不如「ㄌㄨㄣˊ ㄩˇ」來得自然動聽。

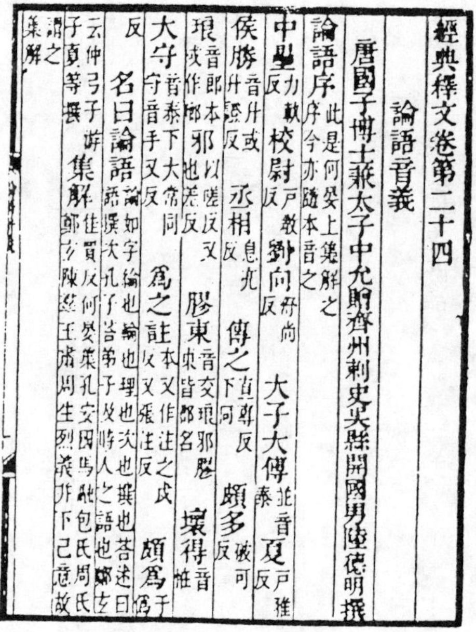
經典釋文卷第二十四
論語音義
唐國子博士兼太子中允贈齊州刺史吳縣開國男陸德明撰
論語序（此是何晏上集解之序今亦隨本音之）
中壘（力軌反）校尉（戶教反）劉向（舒尚反）太子大傅（並音泰）夏（戶雅反）
侯勝（音升或升證反）丞相（息亮反）傳之（直專反下同）頗多（破可反）
琅（音郎本或作瑯）邪（以嗟反又以遮反）膠東（音交琅邪膠東皆郡名）壞得（音怪）
大守（音泰下大常同守音手又反）爲之註（本又作注之戍反又張注反）頗爲（于僞反）
反 名曰論語（論如字綸也輪也理也次也撰也答述曰語撰仕眷反何晏集孔安國馬融包氏周氏……）
云仲弓子游子夏等撰 集解（鄭玄陳羣王肅周生烈義并下己意故……）
謂之集解

■《經典釋文》中的《論語》

字詞語音

像閩南語、客家話都保留相當多的古代中原語音，《論語》的「論」也是讀陽平，可見《論語》古代就讀成「ㄌㄨㄣˊㄩˇ」。漢劉熙《釋名．釋典藝》中說：「《論語》，記孔子與弟子所語之言也。論，倫也，有倫理也。」劉熙《釋名》最大的特色是重在聲訓，其以「倫」釋「論」，而「倫」只有陽平一聲，足證「ㄌㄨㄣˊㄩˇ」乃漢以來的習慣讀法。雖然陳大齊在《孔子學說》一書第一章上曾說：「《論語》所載，以孔子言論爲主。而孔子言論可大別爲二類：一爲與人問答討論，二爲未經人問而主動告人。前一類，正是論；後一類，正是語，故書名《論語》者，意即孔子的論與語，用以顯示全書的主要內容。」因此有人主張以唸「ㄌㄨㄣˋㄩˇ」爲正確，但是既然「論」唸「ㄌㄨㄣˊ」、唸「ㄌㄨㄣˋ」在意義上並無差別，那麼爲了音調上的自然發展，個人認爲沒有再改讀「ㄌㄨㄣˋㄩˇ」的必要。

——摘錄自《國文天地》七十四年九月號

「誰適爲容」的「適」該怎麼唸？

問 正中課本第六冊、七十一年度復興課本第六冊都有《詩經・伯兮》，其中的「誰適爲容」一辭的「適」字，均注ㄉㄧˋ，可是商務《國語辭典》、正中《形音義大字典》、文化《大學字典》、藍燈《中文辭源》、東方《國語辭典》都注ㄉㄧˊ，而《辭海》、《康熙字典》都注ㄉㄧˋ，《中文大辭典》卻注ㄉㄧˊ、ㄉㄧˋ，不知何者爲是？（臺中大里讀者・張文榮）

答 臺灣大學中文系教授周鳳五：《詩經・衞風・伯兮》：「誰適爲容」，《釋文》云：「適，都歷反」按：都爲端紐，歷爲錫韻，依語音變化通則，現代國語應讀ㄉㄧ，其聲調則四聲都有可能。但《廣韻》：錫韻「都歷反」下凡从啇得聲之字，如：嫡、敵、鏑，今皆讀ㄉㄧˊ，故此「適」字以讀ㄉㄧˊ爲宜。且从啇得聲之字，據商務版《國語辭典》讀ㄉㄧ音者，陰平有滴、啇二字，陽平有嘀、嫡、敵、樀、適、甋、蹢、鏑八字，上聲、去聲全無。可見由現代語音現象觀之，其讀ㄉㄧˊ音亦佔絕對優勢。再就古書通假現象觀之，「適」通「敵」（見《史記・絳侯周勃世家》、《禮記・雜記》鄭注），又通「嫡」（見《公羊傳・隱公元年》注、《漢書・五行志》、《漢書・杜欽傳》注）；敵、嫡今音皆讀ㄉㄧˊ，則適宜讀ㄉㄧˊ，可無疑義。

——摘錄自《國文天地》七十四年十一月號

「食」詞性不同，讀音不同

問 簞「食」瓢飲、簞「食」壺漿，二字該注成「ㄙˋ」或「ㄕˊ」之音？查多本辭典，在單字音義解釋，「ㄙˋ」音只有通「飼」，當「拿食物給人吃」唸成該音。當「食物」解，唸成「ㄕˊ」，但辭典在注以上二成語卻注成「ㄙˋ」，請問應如何唸才是？（臺北讀者・鄭秋微）

答 **臺灣師大國文系副教授姚榮松**：誠如鄭秋微讀者所說的，一般辭典，當動詞「飲食」和當名詞「食物」的「食」都讀ㄕˊ（《廣韻》：乘力切，入聲，職韻），只有通「飼」，或當「拿食物給人吃」時，「食」字才唸成ㄙˋ（音嗣或寺，祥吏切，《廣韻》未收。）為什

麼當名詞用的「簞食」，辭典仍注ㄙˋ？這一點要從文獻上來考察，

下面我們從朱熹《四書集註》中舉出「音嗣」的材料，如《經典釋文》對照如下：

一、「有事弟子服其勞，有酒食先生饌」《論語．為政》，《集註》：食音嗣，《經典釋文．論語音義》（以下簡稱《釋文》）同。

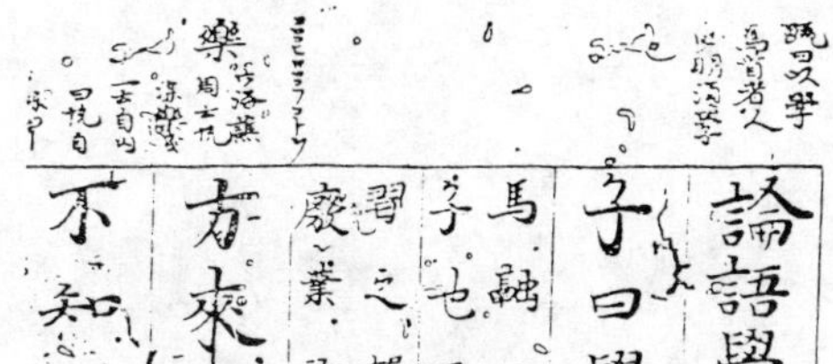
論語學而第一　何晏集解　九十六章
子曰學而時習之不亦悅乎
馬融曰子者男子之通稱謂孔子也王肅曰時者學者以時誦習誦習以時學無廢業所以為悅懌也
有朋自遠方來不亦樂乎
包氏曰同門曰朋也
人不知而不慍不亦君子乎
慍怒也

■《論語》殘本，魏何晏集解。
日本覆刻貞和二年抄卷子本。

二、「一簞食，一瓢飲。」《論語・雍也》，《集註》：食音嗣，《釋文》同。

三、「飯疏食，飲水，曲肱而枕之。」《論語・述而》，《集註》：食音嗣，《釋文》：如字，謂菜食也，一音嗣，飯也。

四、「食不厭精，膾不厭細」《論語・鄉黨》，《集註》：食音嗣，《釋文》：音嗣，飯也。

五、「食饐而餲，魚餒而肉敗，不食。」《論語・鄉黨》，《集註》：食饐之食音嗣，《釋文》無。

六、「肉雖多，不使勝食氣」《論語・鄉黨》，食音嗣，《釋文》無。

七、「雖疏食，菜羹，瓜祭，必齊如也。」《論語・鄉黨》，《集註》：食音嗣，《釋文》：音嗣，又如字。

八、「止子路宿，殺雞為黍而食之，其見二字焉。」《論語・微子》，《集註》：食音嗣，《釋文》同。

九、「食夫稻，衣夫錦，於女安乎？」《論語・陽貨》，《釋文》

食音嗣，《集註》無。

十、「簞食壺漿，以迎王師。」《孟子．梁惠王下》，《集註》：食音嗣，《釋文》無，孫奭《孟子音義》：食音嗣。

以上一、二、三、四、五、七、十「食」都是名詞，《集註》多半承襲《經典釋文》，也有不見於《釋文》而爲朱註增益者，如五、六、十，從三、四兩條《釋文》來看，音「嗣」專指「飯」而言，三、七兩條，《釋文》均有「如字」一讀，也就是讀其本音「乘力切」時，疏食就是菜食（蔬菜類食物），這裡「食」字泛稱食物。這種異音歧義的辦法，是六朝經師「無中生有」的一種破讀法，目的在方便讀書人讀音知義。難怪《廣韻》「食」字也不收「祥吏切」（音嗣，寺，ㄙˋ）一音。第六例不見於《釋文》，爲《集註》所增，大概是與「肉」相對，「食」氣是指飯氣或穀氣，故音ㄙˋ。反過來看第九例的「食稻衣錦」，「食」字爲動詞，並非使役動詞，《釋文》反而音「嗣」（《集註》不從），就不可理解了。但如果讀者細閱《經典釋文》全部「食」字（可參考潘重規先生《經典釋文韻編》二二四一～二二四六），就可以發現，音嗣與如字之間沒有嚴格的界線，凡公食、饗食、食饗、旣食、饋食、疏食，皆音嗣，但下列兩種情況是一定要唸如字（本音ㄕˊ），如：

一、《左傳．隱公三年》：「日有食之」，《釋文》：「如字，本或作蝕，音同。」

二、《禮記．檀弓下》：「我則食食」，《釋文》：「上如字，下音嗣」。「食食」即是吃飯，《禮記》這段話是在魯悼公死後，孟敬子回答季昭子問：「爲君何食？」按禮本當食粥，因三家平常以僭禮聞名，怕被人誤爲矯情，才說：「照常吃飯。」

按：食的本音ㄕˊ，本訓同米，即集衆米成食。引申凡是人用以供口腹的東西都是食，初不分名詞、動詞，如《說文》：「飯，食也」，可見二者本同，上引例三的「飯」與例九的「食」都是動詞，《釋文》把例九讀成「嗣」，恐怕是當時的舊音或方音。六朝經師，一方面區別使役動詞的「食」，音嗣（或寺），如上引第八例，再如《左傳．桓公六年》：「九月丁卯子同生……卜士負之，士妻食之。」《釋文》：「食之，音嗣。」又如《詩經．小雅．綿蠻》：「飲之食之，教之誨之」，《釋文》：「飲食，上於鴆反，下音嗣，篇內皆同。」這是明顯區別自動與他動的異讀。後來，「嗣」這一讀，逐步擴大成凡指「米飯」，這種說法見於《釋文》，但賈昌朝的《羣經音辨．卷六》卻載：「餐謂之食，時力切，凡食物也。飼謂之食，音寺。」，《說文》：「飼，饋也。」凡饋食即是以食物餵人，和使役動詞仍有關。《孟子》：「簞食壺漿」，正合饋飼義。但是《論語》的「一簞食，一瓢飲」與饋飼全不相干，由此可見賈昌朝仍未達其旨。賈說亦不合我們前文所引《論語》之例。《釋文》的區別較易爲人接受，即凡專指「飯」，音ㄙˋ。

綜合以上討論，「食」字在下列情形，應讀作ㄙˋ：

一、使役動詞，「拿食物給人吃」：如，「黔敖爲食（ㄕˊ）於路，以待餓者而食（ㄙˋ）之。」（《禮記．檀弓下》）。

二、供餐：如，「在右以君賤之也，食（ㄙˋ）以草具。」（《馮諼客孟嘗君》）。

三、乳育幼兒：如，「士妻食之。」（《左傳·桓公六年》）、「大夫之子有食（ㄙˋ）母」（《禮記·內則》）。

四、餵食動物（通飼）：如，「益樹蓮菱，以食鱉魚。」（《淮南本南經》），「食馬者，不知其能千里而食也。」（韓愈《雜說四》）。

五、當「飯」解，常與酒、漿、湯、飲連用。如「簞食壺漿」、「簞食瓢飲」、「有酒食先生饌」、「飯疏食、飲水」。

第五種讀法正在式微之中，例如按照《羣經音辨·卷六》：「飲酒漿也，於錦切，ㄧㄣˇ，所以歠曰飲，於禁切，ㄧㄣˋ」，瓢飲的飲也應讀ㄧㄣˋ，但《重編國語辭典》，仍作ㄧㄣˇ，可為證明。除此五種情況，其他的「食」都應該讀本音ㄕˊ。

——摘錄自《國文天地》七十六年十月號

「眭澔平」姓ㄒㄩˇ或ㄙㄨㄟ？

問 臺視記者「眭澔平」的「眭」字，查字典都讀作ㄙㄨㄟ，但眭本人及臺視記者都讀作ㄒㄩˇ，究竟何者爲是？（臺南讀者・盧寄蓉）

答 **中研院史語所助理研究員洪惟仁**：臺視記者「眭澔平」的「眭」姓，依《廣韻》應讀：「息爲切」ㄙㄨㄟ，《集韻》：「宣爲切」亦讀ㄙㄨㄟ，注：「姓也，出趙郡，前漢眭弘、北魏眭夸。」《集韻》又收「涓惠切」音桂ㄍㄨㄟˋ，亦姓也。

姓氏的讀法，一字可以有許多異讀，代表著不同的宗族姓源，不能隨便以統一音讀加以統一，這種現象在日本尤其明顯。日人姓名同一字讀音不同是平常的現象，這是日本姓氏難讀的地方，所以日本人的習慣是尊重其本人的讀法。

臺視記者既讀為ㄒㄩˇ，可能已請教眭澔平本人，所以讀作ㄒㄩˇ。我想應尊重其讀法，不要強以字典讀法糾正。但依音理看，ㄒㄩˇ可能是ㄒㄧˊ之訛（見下二）

姓氏有以上三讀，至於意義上有：一、深目也（見《說文》），《唐韻》讀作「許規切」，音ㄏㄨㄟ；二、目深惡視，《廣韻》：「戶圭切」，音ㄏㄨㄟˊ，《正韻》：「弦雞切」，音ㄒㄧˊ；三、目小怒貌，《集韻》：「於避切」，音ㄧˋ。

以上三義都是一義之轉，音韻上都是上古音heg或hueg之轉。中古韻書收了不少異讀，代表各地方言不同的發展。今北方口語如何讀法不得而知，總之現代臺北國語口語上已無此音，我們只能根據韻書說，有上面的讀法。但在閩南語「眭」字確實存於口語，如：「近近相眭目，遠遠刣（殺）雞角（小公雞）」，意即鄰近的親友見面怒目而視，遠來的親友殺雞款待。「眭目」即第三義「目小怒貌」，可是閩南語「眭目」讀作he'bak'，「眭」是上

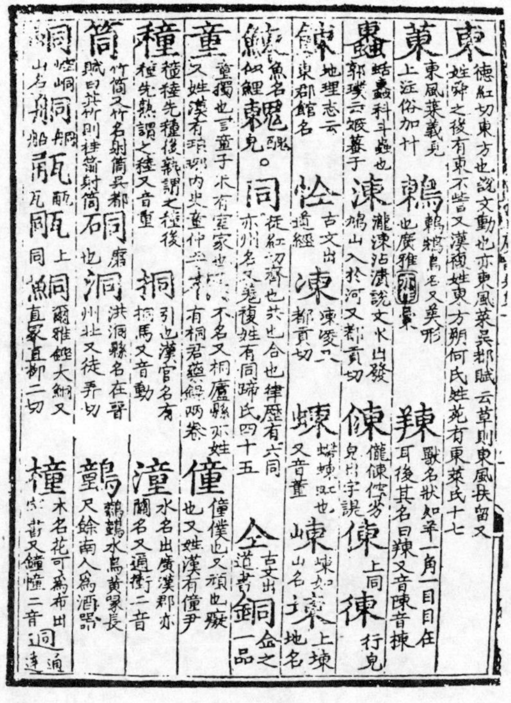
東 德紅切東方也說文動也亦東風菜吳都賦云草則東風扶留又姓舜之後有東不訾又漢複姓東方朔何氏姓苑有東萊氏十七
菄 東風菜義見上注俗加艹 鶇 鶇鵍鳥名又美形也廣雅作鶇 䝩 獸名狀如羊一角一目目在耳後其名曰䝩又音陳音揀
𧓕 蛞𧓕科斗蟲也郭璞云蝦蟇子 涷 瀧涷沾漬說文水出發鳩山入於河又都貢切 倲 儱倲儜劣皃出字諟 倲 上同 徚 行皃
𩜍 地理志云東郡館名 𢘐 古文出道經 凍 凍凌又都貢切 蝀 螮蝀虹也又音董 崠 山名 埬 上埬地名
鯟 魚名似鯉 䰤 䰤醜皃 ○同 徒紅切齊也共也合也律歷有六同亦州名又羌複姓有同蹏氏四十五 仝 古文出道書 銅 金之一品
童 童獨也言童子未有室家也又姓漢有琅邪內史童仲玉 桐 木名又桐廬縣亦姓有桐君藥錄兩卷 僮 僮僕也又頑也癡也又姓漢有僮尹
穜 穜稑先種後熟謂之穜後種先熟謂之稑又音重 挏 引也漢有挏馬官又音動 潼 水名出廣漢郡亦關名又通衝二音
筒 竹筒又竹名射筒吳都賦曰其竹則桂箭射筒 硐 磨石也 洞 洪洞縣名在晉州北又徒弄切 [童+鳥] 鶲鷞水鳥黃喙長尺餘南人以為酒器
峒 崆峒山名 舸 舼舸船 甋 甋瓦 㼧 上同 鮦 爾雅鮦大鮦又直冢直柳二切 橦 木名花可為布出字書又鍾幢二音 通 通達

■廣韻書影

聲，和上面的音切都不合。如翻成切語應是「許启切」，國音當讀ㄒㄧˇ，收入韻書的話，豈不又多了一個音讀嗎？漢字的讀法十分複雜，是時代發展的結果，吾人不能自我作古，加以統一音讀。

——摘錄自《國文天地》七十八年八月號

「殗殜」的讀法

問 請問新版高中課本第一冊第七課〈祭妹文〉的「殗殜」一詞的音注ㄧˋ ㄧㄝˋ，但舊版的黃皮課本卻注ㄧㄝˋ ㄧㄝˋ，我翻閱幾本辭書和《廣韻》，也注ㄧㄝˋ ㄧㄝˋ，何者才對？（臺中讀者・黃麗芳）

答 **臺灣師大國文系教授王更生**：關於高中第一冊〈祭妹文〉中的「殗殜」音讀問題；殗殜，依照目前在台灣可能見到的字書如《中文大辭典》、《辭海》、《大辭典》以及《中文辭源》等一律讀作「ㄧㄝˋ ㄧㄝˋ」，作小病，或病不嚴重解。《方言二》：「殗殜，微也。宋衞之間曰殗。自關而西，秦晉之間，凡病而不甚曰殗殜。」注：「病半臥半起也。」高中國文〈祭妹文〉音注作：「ㄧˋ ㄧㄝˋ，病未痊癒，半臥半起也。」或因爲失校，或由於簡略，讀者宜分別自行補充。

——摘錄自《國文天地》七十六年十一月號

東、冬、嶸字的讀音

問 東、冬二字的讀音，同爲「都翁切」或「ㄉㄨㄥ」，爲什麼要分成兩個韻目？嶸字有「乎萌切」、「于平切」或「ㄏㄨㄥˊ」、「ㄖㄨㄥˊ」兩音，而只列入一個庚韻內，沒有把「ㄏㄨㄥˊ」（紅），列入東韻？（桃園讀者・李竻艮）

答 **中正大學中研所教授竺家寧**：「東、冬」兩字的讀音：「都翁切」是取自《辭海》的現代音讀，古代有「東，德紅切」、「冬，都宗切」的不同。這兩字從先秦到隋唐都不同音，《詩韻》所依據的方言也不同音，所以必須分成兩個韻目。這兩個字到了南宋時代已明顯有混合的跡象，才逐漸變成了一個唸法。

「嶸」字的「乎萌切」、「于平切」兩讀也是取自《辭海》，《辭海》又是取自「集韻」，「乎萌切」原屬耕韻，「于平切」原屬庚韻，《詩韻》合併成一個「庚韻」。它和「七耕切」的「崢」字組成爲一個疊韻聯綿詞「崢嶸」。它們的韻母和東韻完全不同，當然不可能列入東韻。只有到了今天，「嶸」字才積非成是的演變成了ㄖㄨㄥˊ，而「乎萌切」的「宏、閎、嶸」等字今天也演化成了ㄏㄨㄥˊ，和原本不同音的「紅」字（東韻，戶公切）唸成一樣了。如果今天的人編韻書，自然可以把「嶸」和「紅」歸爲一個韻，但是古代「嶸」、「紅」並不同音，如何教它們歸在一起呢？

——摘錄自《國文天地》七十九年二月號

「柴門一任絕車馬」中的「柴」如何讀？

問　高中國文第五冊第十六課〈散曲選〉，〈題西湖〉一曲中「漁村偏喜多鵝鴨，柴門一任絕車馬」，此「柴」字宜唸ㄔㄞˊ或ㄓㄞˋ？（臺北讀者・馬艮）

答　**政戰學校中文系副教授黃文吉：**馬致遠〈題西湖〉套曲中的「柴門一任絕車馬」，「柴門」是指以柴木作成的門，形容其居住樸素簡陋，所以「柴」應唸作「ㄔㄞˊ」。如果唸「ㄓㄞˋ」的話，這裡的「柴」字就是動詞，作「杜塞」解，「柴門」即「杜門」、「閉門」，如《後漢書・楊震傳》：「於是柴門絕賓客」，就是這種用法。本曲子的「柴門」作「杜門」解固然可通，並且句型與《後漢書》相類，但此句與上句「漁村偏喜多鵝鴨」對仗，「漁村」對「柴門」，如果「柴」作動詞，則詞性不妥，故不應唸「ㄓㄞˋ」。

——摘錄自《國文天地》七十九年三月號

「濟」讀音辨正

問 最近在電視臺或收音機常聽到「濟（ㄐㄧˋ）南這地方……」，請問「濟」的發音究竟是「ㄐㄧˇ」或「ㄐㄧˋ」？（臺南讀者・吳秀信）

答 中正大學中研所教授竺家寧：「濟」字有ㄐㄧˇ（子禮切）、ㄐㄧˋ（子計切）二讀，作水名或地方的「濟」本應唸作第三聲。《廣韻》記載：「……水名，出王屋，亦州，本齊地，秦屬東郡，子禮切。」作「渡」字講和作卦名的「濟」應唸作第四聲（見《廣韻》霽韻）。嚴格說，二讀有區別。但現在社會習慣「濟南」的念法多混用，這是因爲地名的「濟」唸ㄐㄧˇ或ㄐㄧˋ並不產生辨義上的對比（無礙意義的辨認），逐漸形成一詞兩讀的自由變異。因此就語言功能而言，唸ㄐㄧˋ南也不算錯誤。

——摘錄自《國文天地》八十一年三月號

「⿱洪金」讀音辨正

問

時人張×⿱洪金先生的「⿱洪金」唸「ㄏㄨㄥˊ」，但啓業書局出版的《新修康熙字典》卻解爲：「⿱洪金．呼木切，烘入聲。ㄏㄨˋ Hu⁴ 入屋」，究竟何者爲正確讀音？（臺南讀者．吳秀信）

答

中正大學中研所教授竺家寧：「⿱洪金」字是一個後起的俗字，不見於《說文解字》，也不見於中古的字書、韻書中。到了明代梅膺祚的《字彙》（作於西元一六一五年）裡才出現這個字。《字彙》注云：「呼木切，烘入聲，銀也」，按照這個反切，現在應讀作ㄏㄨˋ。但是這個字已被社會淘汰，一般人不知怎麼唸，只好「有邊讀邊」，唸成了ㄏㄨㄥˊ。

——摘錄自《國文天地》八十一年三月號

「白日依山盡」的「白」如何讀？

問 「白日依山盡」有人唸ㄅㄛˊ，有人唸ㄅㄞˊ，本人於師大受業時，陳滿銘老師認爲該唸ㄅㄛˋ，是否三個音皆可？（讀者・富北國中教師譚佩儀）

答 臺灣師大國文系教授陳滿銘：「白日依山盡」之「白」，就國音而言，該讀其讀音，即「ㄅㄛˊ」，不可唸其語音作「ㄅㄞˊ」。至於讀成「ㄅㄛˋ」，應是「・ㄅㄛ」的聽誤。「・ㄅㄛ」是變通的讀法，這是因爲國音沒有入聲，而古典詩歌，除北曲而外，都講求入聲，所以筆者在十數年前便主張在讀古典詩歌（北曲除外）之際，將入聲配合國音，讀成輕聲，再予强化，以儘量保存古典詩歌之聲情。這樣做，實非得已。有何不當之處，敬請方家不吝指正。

——摘錄自《國文天地》八十一年五月號

排「比」的唸法

問 修辭學裡有「排比」，此「比」字該唸成「ㄅㄧˇ」或是「ㄅㄧˋ」？

（臺南讀者・黃慶蓮）

答 **政治大學中文系教授朱守亮：**「比」字有三種唸法，一是用來比喻講席的「皋比」，唸成「ㄆㄧˊ」，較爲少用；其餘兩種比較常用的是「ㄅㄧˇ」和「ㄅㄧˋ」。這兩字的唸法基本上是以它們具有那種意思來決定。當有兩件事被拿來相互較量時，便唸成「ㄅㄧˇ」，如「比較」、「比喻」；而當在說明兩件事物接近、結合，或處處、每每的意思時，便唸成「ㄅㄧˋ」了，如「比鄰爲居」、「朋比爲奸」、「比比皆是」等。

在修辭學中，「排比」的涵意是「比物連類」，也就是將同類的事物緊緊地排比起來，所以唸成「ㄅㄧˋ」。這個詞既然未含有被排比的事物彼此相互比較的意思，當然不應唸成「ㄅㄧˇ」。

——摘錄自《國文天地》八十年八月號

規「撫」的讀音

問 高職國文第五册第三課〈梅臺思親〉一文中提到「 國父繼承文化的道統，規撫西方的學說，開啓三民主義的思想。」其中「規撫」在課後注解爲「摹仿學習。撫，音ㄇㄨˋ，義同摹。」然遍查字典的結果，「撫」字只有「ㄈㄨˇ」之音，也找不到與「摹」相同之義。而在三民《大辭典》第四三七四頁中有：「規橅，同規模。」「規模，也作規摹、規摹、規橅。」其第四個解釋爲「倣效、效法」。所以本人認爲「規撫」之「撫」乃「橅」之誤寫，其音應爲「ㄇㄛˊ」或「ㄇㄨˊ」，而非「ㄇㄨˋ」。然三民主義課本也一直寫的是「規撫」，不知其中道理爲何？（瑞芳讀者‧高工教師林錦惠）

答

政治大學中文系教授黃俊郎：「撫」字有兩音：

一、ㄈㄨˇ，此爲一般常用音讀，不必贅言。

二、ㄇㄨˊ或ㄇㄛˊ，《康熙字典》：「撫，《集韻》：蒙逋切，與摹同。」，《集韻》：「摹，《說文》：規也。謂有所規倣。或從無。亦書作摸。」

故「規撫」即「規摹」，效法之意。至於「橅」字，《康熙字典》：「橅，同模。」是以三民書局《大辭典》收「規橅」條云：「同規模。」

——摘錄自《國文天地》七十六年三月號

太「行」山的讀音

問 國中國文第四冊〈愚公移山〉一文，出自《列子・湯問篇》：「太形、王屋二山，方七百里」句中之「太形」，課本注釋說：「就是太行山」。參考書都讀作「ㄊㄞˋ ㄒㄧㄥˊ」。查《列子》張湛注：「形，當作行」。《經典釋文》：音「泰行」。我們應讀ㄊㄞˋ ㄒㄧㄥˊ，還是ㄊㄞˋ ㄏㄤˊ？（臺南讀者・盧寄蓉）

答 **中研院史語所助理研究員洪惟仁：**「太行山」的「行」字，依《康熙字典》引《集韻》寒岡切，應讀ㄏㄤˊ。現在一般也讀ㄏㄤˊ。盧先生引《列子・湯問篇》作：「太形」，應視爲古名，「形」字古代方言可能有讀作「行」ㄏㄤˊ的，故以同音的「行」代替。現在一般人既讀作ㄏㄤˊ，我想不必以古律今，改讀ㄒㄧㄥˊ。其實「形」的中古音是hgieng並不讀ㄒㄧㄥˊ。ㄒㄧㄥˊ還是北方訛變的音哩。

——摘錄自《國文天地》七十八年九月號

「盯」字的讀音

問

一、「盯」此字我們唸「ㄉㄧㄥ」，可是字典裡只有「ㄔㄥˊ」及「ㄔㄥˊ」音，並無「ㄉㄧㄥ」音，請問究竟應讀何音？

二、「死得其所」的「所」字當何解？（永和市讀者．鄧玉美）

答

臺灣師大國文系教授許錟輝：所問二事，簡覆如下：

一、盯字古義有二，一爲視貌，一爲直視。前義《廣韻》音直庚切（ㄔㄥˊ），又張梗切（ㄓㄥˇ），《集韻》又音豬孟切（ㄓㄥˋ）。後義《集韻》音抽庚切（ㄔㄥ），或作瞠。《國語日報辭典》於盯字音注爲ㄉㄧㄥ，釋云：「把眼光集中，注意地看。」義即「直視」，是直視之義，古音ㄔㄥ，今或作釘，而音變爲ㄉㄧㄥ。

二、「死得其所」之「所」，本指處所，後亦泛指死之時間、地點。

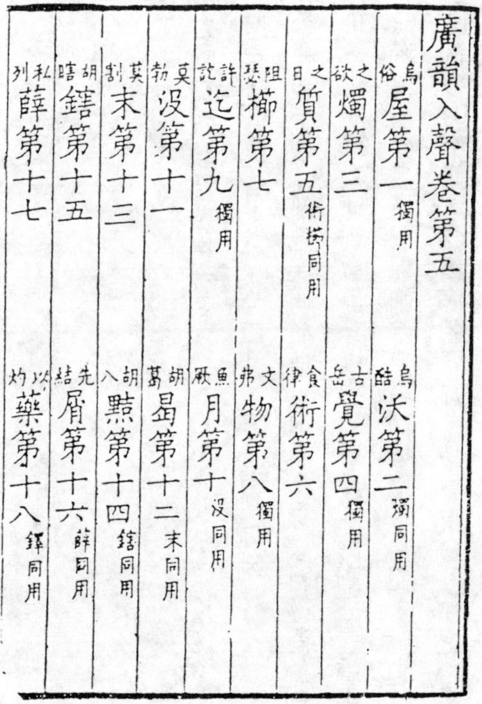
廣韻入聲卷第五

烏谷屋第一獨用　烏酷沃第二燭同用
之欲燭第三　古岳覺第四獨用
之日質第五術櫛同用　食律術第六
阻瑟櫛第七　文弗物第八獨用
許訖迄第九獨用　魚厥月第十沒同用
莫勃沒第十一　胡葛曷第十二末同用
莫割末第十三　胡八黠第十四鎋同用
胡瞎鎋第十五　先結屑第十六薛同用
私列薛第十七　以灼藥第十八鐸同用

■《廣韻》的入聲韻目

「癌」的讀音

問 「癌」，字典唸成ㄧㄢˊ，一般人唸成ㄞˊ，是何因？

（讀者．龔超）

答 臺灣師大國文系教授黃慶萱：癌，一般人唸成ㄞˊ，是受方言的影響，同時爲了和唸ㄧㄢˊ的「炎」在聲音上有所區別。

「炎」和「癌」都是疾病名稱，前者指身體組織對於創傷、微生物感染、化學或物理刺激等等傷害，所產生的潮紅、腫脹、發熱與疼痛的現象。後者指一種細胞無限制增殖、侵犯、壓迫、破壞其周圍健康組織的疾病。二種病名同音，易生誤會。如把「鼻炎」、「肺炎」、「肝炎」當作「鼻癌」、「肺癌」、「肝癌」之類，這是很糟糕的。《國語日報辭典》：「癌ㄧㄢˊ，又讀ㄞˊ。」已兼收二音。便承認一般人唸ㄞˊ是可以了。從語音方面探討，據高本漢《方言字彙》，和「癌」同音的字，如：嚴、顏、延、鹽，北平話都讀iɛn，南京話都讀iɛi，音值和ㄞˊ，就很接近了。癌讀ㄞˊ，就是受這些吳語系統方音的影響。

——摘錄自《國文天地》七十六年五月號

「旁」的正確讀音

問

「軍書旁午」成語中「旁」字的讀音。三民書局印行的《大辭典》第四六六四頁，「軍書旁午」條注釋「旁」讀ㄆㄤˊ，但是第二〇〇五頁「旁午」條注釋「旁」字卻讀「ㄅㄤˋ」。請問何者才是正確讀音？（讀者．鄭水圳）

答

淡江大學中文系副教授竺家寧：「旁午」是縱橫交錯的意思，引申爲事情煩雜。這個詞早在漢代就產生了（《漢書．霍光傳》：「使者旁午」）。其中的「旁」字一直到《廣韻》、《集韻》中都只有「步光切」（ㄆㄤˊ）一讀，到了元代的《韻會》才兼收在去聲宕韻，音「蒲浪切」（ㄅㄤˋ），所以旁（ㄅㄤˋ）午一讀是後起的。

音語詞字

為什麼「旁」午後來會變出ㄅㄤˋ一讀呢？這是唐宋以後的學者「以調別義」的理想（特別是宋代更為盛行，請參考劉鑑《切韻指南》後附之「經史動靜字音」），他們認為一個字既有不同的用法，不同的意義、詞性，就應該賦予不同的聲調，於是，人為的制定了一些新的音讀，而這些新的音讀始終只出現在少數學者的讀書音中，並不存在於社會大衆的口中。

「旁」的ㄆㄤˊ、ㄅㄤˋ兩讀既是以聲調區別用法的產物，聲母又為什麼有ㄆ、ㄅ的不同呢？原來，聲母並無不同，古代叫做「並母」，是個濁輔音。後來發生了自然的音變——「濁音清化」，其規律是：濁平變送氣音（ㄆ），濁仄變不送氣音（ㄅ），於是聲母有了不同。

由此可知，「旁午」的旁唸作ㄆㄤˊ是其本讀，唸作ㄅㄤˋ是後世「以調別義」的理想化音讀，兩者都不能算是錯誤，只是觀念角度的問題。

——摘錄自《國文天地》七十六年六月號

「薄」唸ㄅㄛˊ還是ㄅㄨㄛˊ？

問

國音中的雙唇音（ㄅ、ㄆ、ㄇ）和ㄛ韻拼音（如「波、博、跛、播」、「潑、婆、頗、魄」），似乎有個「ㄨ」介音存在，那麼，「薄」爲什麼不能注成「ㄅㄨㄛˊ」？「婆」爲什麼不注成「ㄆㄨㄛˊ」？類似如此者極多，請教高明。（嘉義讀者，方芝）

答

中正大學中研所教授竺家寧：「博、婆、摹、佛」等字的發音的確中間有個〔u〕介音（注音符號「ㄨ」）。通常我們拼寫注音時把它省略了，這是一種約定。我們可以列出這樣一條規律：凡是唇音（不止雙唇音）ㄅㄆㄇㄈ和韻母「ㄨㄛ」拼合時，中間的「ㄨ」一律略去不寫。因爲國語的韻母結構，單元音「ㄛ」是不存在的，所以注為「ㄅㄛ」，沒有人眞的會唸成〔po〕，一定都唸成〔puo〕，因此雖然寫法上省略，並不致造成發音上的誤解。我們可以說：在這裡的「ㄛ」，它的音值是〔uo〕，而在非唇音聲母時，它的音值是〔o〕。注音符號像這樣的約定還不止此，例如「ㄢ」平常代表〔an〕音，可是在〔i〕介音的後頭卻代表的是〔en〕音（試比較「灘」和「天」字的唸法）。「知、吃、師、日」、「資、此、司」等字的注音也約定的省去了韻母，因為它們的韻母一律都是舌尖元音，所以發音時也不致會誤成別的韻母。這些「約定」都是注音符號設計上的一些特性，小學生學習國字注音時，都習焉而不察的接受了這些規則（寫和唸之間的約定關係），但是從事國語文教學的，卻應該要能說出個所以然來。有關這方面的常識可以參考萬卷樓圖書有限公司出版的《古音之旅》一書。

——摘錄自《國文天地》七十八年十二月號

「誰」字的閩南語讀音爲何？

問 中部四縣的本省人大都將「誰」唸做「甲」，但南部居民竟聽不懂「甲」字涵意，而代以「尙」或「嚮」兩種讀音，究竟「甲」（誰）字係漳州語或泉州語？（臺北讀者．林福泉）

答 **中研院史語所助理研究員洪惟仁先生**：閩南語「誰」說「甲」，這個「甲」字用的是北京音 tsia˨˩˦，實在不該用來描寫閩南語的 tsia˨˦。描寫閩南語應用閩南語的音標，若要用漢字必須用閩南語的同音字。可惜 tsiai˨˦ 在漳州腔沒有同音字，泉州腔有個「這裡」tsia˨˦ 的同音詞，一般寫成「遮」，我們可以這樣說：閩南語「誰」說成「遮」（第五聲）。「誰」在閩南語有好幾種合音的說法（以下聲調用數字表示），有些本音已消失，使我們難以追尋本義。siang^{2}，sang^{2}，siang^{5}＜siaN^{2}lang^{5}（啥儂＝何人）tiang^{5}＜ti^{7}lang^{5}（值儂＝何人）泉州人說 tsi^{7} tsui^{7}（是誰）。「你是說」說 lü^{2}si^{7} tsi^{7} tsui^{7}（汝是是誰）。漳州人說 tsi^{7} tsua^{5}，這個 tsua^{5} 是 tsui^{7} ua^{5}（誰何）的合音，tsi^{7} tsua^{5} 再合音就變 tsia^{5}。現在臺灣已聽不到 tsi^{7}tsui^{7}，tsi^{7} tsua^{5}，但 tsia^{5} 在南部嘉義到臺中之間的漳腔區裡還很盛行，可見這個詞是漳州詞，它的本字是「是誰何」，三字合成一個 tsia^{5}。

——摘錄自《國文天地》八十年九月號

「施施」的讀音

問 國中國文課本第五冊第二課〈齊人〉與高中《孟子．離婁篇》第十八章為同一篇，文中「施施從外來」一句之「施」字，國中課本音ㄕ，而高中課本音ㄧˊ，請問該讀何音？又做何解釋？（永和讀者．侯菊芳）

答 臺灣大學中文系教授黃沛榮：「施施從外來」的「施」，應音「ㄕ」。《詩經．王風．丘中有麻》：「將其來施施。」《經典釋文》：「如字。」則「施」應唸「ㄕ」。但是朱熹〈孟子離婁下〉「施施從外來。」注云：「施音迤，又音易。」迤有ㄧˇ、ㄧˊ、ㄊㄨㄛˊ等音，高中課本乃採用朱熹的意見，注成ㄧˊ音。根據個人的看法，讀「ㄕ」是比較穩當的，但是讀「ㄧˊ」也有其根據。

至於「施施」的解釋，〈離婁〉篇趙歧注：「猶扁扁，喜悅之貌。」朱熹從之，注云：「喜悅自得之貌。」但是若據〈丘中有麻〉鄭箋：「施施，舒行伺閒獨來見己之貌。」則《孟子．離婁》篇的「施施」，似應解爲「舒行貌」，形容齊人優哉游哉從外返家的樣子，但是現在一般人多採用趙歧、朱熹的說法。

——摘錄自《國文天地》七十四年十月號

再談「女紅」的讀音

問

《國文天地》創刊號古音之旅〈古人伐木的聲音〉一文中，竺家寧先生談到「女紅」的讀音，能否再請竺先生說明清楚一點？「當言」、「讀曰」的眞正意義是什麼？和「直音」有什麼不一樣？（桃園讀者・曾淑媛）

答

淡江大學中文系副教授竺家寧：關於「女紅」的唸法，牽涉到鑑別「破音字」的觀念問題，筆者的看法是字音在合理的範圍內，不要使它變得太複雜。許多「破音字」事實上是不必要的。「女紅」仍以唸女「ㄏㄨㄥˊ」爲妥。

《史記・孝文本紀》裡提到：「服大紅十五日，小紅十四日」，東漢服虔注說：「當言大功、小功。」，《漢書．酈食其傳》的「紅女下機」，唐顏師古注說：「紅讀曰工」。

這裡的「當言」、「讀曰」都是用來表示通假的。段玉裁曾說：「凡傳注言讀爲者（讀曰和讀爲意思一樣），皆易其字也。」就是說，古籍裡有時換個字用，而不用本字。所換的字不必同音，只要音近即可，如《曲禮》注：「扱讀曰吸」、「繕讀曰勁」、「綏讀曰妥」，《周禮》杜注：「帝讀爲奠」，《儀禮》鄭注：「牢讀爲樓」等。這裡要注意的是，所謂「音近」是指古音，不是國語。

至於「直音」，是古人的注音方式，古人沒有注音符號，要告訴人家這個字怎麼唸，最簡便的方法就是找個同音字注在下面。例如《九經．直音》：「焉音煙」、「朝音昭」、「鞭音邊」、「弋音亦」等。直音絕對要同音，不能只是音近。和讀曰的基本作用也不一樣，一個是注音，一個表通假。

現在回到「女紅」的問題上來。「紅」和「功、工」在漢代發音近似，不但韻母相同，聲調相同（都是平聲），聲母也都是舌根塞音（只清濁有別），所以它們可以通假。原本並不表示「紅」有ㄏㄨㄥˊ和ㄍㄨㄥ兩個音，古人也沒有要我們唸破音的意思。

但是，到了今天，「紅」和「功、工」的音變得不很類似了，這才牽涉到該依哪個音唸的問題。（如果沒有必要分別的音，我們又何需庸人自擾呢？要知道，像這種通假的情況，在古書中觸目皆是，把這類字都當作破音字處理，那麼我們的字音就會複雜許多。舉個例說：「幾」字可以假借爲「圻」、「祈」、「豈」、「冀」、「既」、「訖」、「期」；「假」字可以假借爲「固」、「姑」、「格」（見高本漢《先秦文獻假借字例》）。那麼，「幾」和「假」是否也該有這麼多的唸法呢？「扶服」就是「匍匐」，是否「扶」也要唸成「ㄆㄨˊ」呢？「田完」就是「陳完」，是否該把「陳」唸成「ㄊㄧㄢˊ」，還是把「田」唸成「ㄔㄣˊ」呢？當然，這是沒有必要的。所以，寫成「女紅」，我們就唸女「ㄏㄨㄥˊ」，要是寫成「女工」，我們才唸女「ㄍㄨㄥ」（這個音反而易生誤會，聽來像工廠的女作業員）。

至於有一種情形，不是「倉卒無其字」的通假，而是古今字的區別，例如「女」就是「汝」、「責」就是「債」、「說」就是「悅」……等，我們還是要把「女、責、說」唸成「汝、債、悅」。因爲它們根本是同一個字（「女、責、說」是「汝、債、悅」在不同時代的不同寫法），和通假在性質上是不同的。

——摘錄自《國文天地》七十五年七月號

「角色」讀音的迷惑

問

請問「角色」應唸「ㄐㄩㄝˊ ㄙㄜˋ」或「ㄐㄧㄠˇ ㄙㄜˋ」？為什麼？（讀者・李子誠）

答

臺灣師大國文系教授張正男：「角色」唸「ㄐㄩㄝˊ」或「ㄐㄧㄠˇ」，必須依詞義而定。

「角」字語音「ㄐㄧㄠˇ」，讀音「ㄐㄩㄝˊ」。據《國音常用字彙》說明：「讀書之音注讀音、口語之音注語音」，我們遇到讀音語音不同的字，必須探究該詞的來源才能夠定音。一般的「角色」，指「戲劇中的演員」、「一個人在團體中所擔負的責任或表現的行為」、「與身分相配的行為法則」，是從「娼優之著名者」一義引申而來的，應該唸「讀音ㄐㄩㄝˊ」；這在《中國大辭典》編纂處編的

《國語辭典》裡就注得很清楚了。另外，在教育部的《重編國語辭典》裡，除了「ㄐㄩㄝˊ」音以外，又收了「ㄐㄧㄠˇ ㄙㄜˋ」的唸法，專門用在西洋文學的術語，指詩歌、小說、戲劇中，以第一人稱敍述經驗或遭遇的人物。

在一般的詞典，如《國語日報辭典》、《新編標準學生詞典》（臺灣圖書出版社）、《模範國語辭典》（南海出版社）、《超羣國語字典》（南一書局）、《大辭典》（三民書局），都只收「名角」的本義及引申義，所以只注「ㄐㄩㄝˊ」音。至於《當代國語大辭典》（百科文化出版社）所收的詞義與一般詞典相似，卻注作「ㄐㄧㄠˊ ㄙㄜˋ」，恐怕是誤排。

「角色」一詞，必須從前後文分辨出詞義，才能判斷該唸讀音ㄐㄩㄝˊ還是語音ㄐㄧㄠˇ，如果是指西洋文學中的術語，就該唸「ㄐㄧㄠˇ ㄙㄜˋ」；如果指演員、身分、行爲，就該唸作「ㄐㄩㄝˊ ㄙㄜˋ」。

——摘錄自《國文天地》七十七年四月號

「選賢與能」中「與」的讀音爲何?

問 時下選舉熱季所標榜的「選賢與能」句中的「與」字，要怎麼讀比較切合原意?是唸ㄩˇ，和的意思?或讀ㄐㄩˇ，選舉的本意?（雲林讀者．劉勝三）

答 **臺灣師大國文系教授賴明德**：這個問題應當先從「與」和「舉」二字的本義上解釋起。《說文解字》云：「與，黨與也。」「黨與」的意思是「朋羣」或「朋黨」，如《漢書．燕刺王傳》：「羣臣連與成朋。」其後假借爲連接詞「及」或「和」，《論語．公治長》：「夫子之言性與天道，不可得而聞也。」也可以假借爲「舉」字，如「選賢與能」。「舉」字是一個俗體字，正寫應該是「擧」，以手爲部首。《說文解字》云：「舉，對舉也。从手與聲。」其字形的構造是以「與」字作聲符的形聲字。「對舉」的意思是左右雙手同時舉起，引申有舉拔或推舉的意思。

「選賢與能」一詞最早出現於《禮記．禮運篇》，云：「大道之行也，天下爲公，選賢與能，講信修睦。」其中「選賢與能」和「講信修睦」二語，在句法的結構上應該是對稱的。「講」和「修」既然當動詞用，那麼「選」和「與」也必得當動詞用纔合理。如此一來，此處的「與」字顯然是「舉」字的假借，所以正確的寫法或讀法應該是「選賢舉能」。後來再節略，便成爲「選舉」一詞，如《淮南子．兵略訓》：「德義足以懷天下之民，選舉足以得賢士之心。」

當然，就《禮記》原文：「選賢與能」一語而言，將「與」字作連接詞「及」或「和」解，也講得通，這樣一來，在句法的結構上，「賢與能」一詞便成爲動詞「選」字的受詞。

總之，語言文字的應用和發展原是約定俗成的。選拔賢能的人

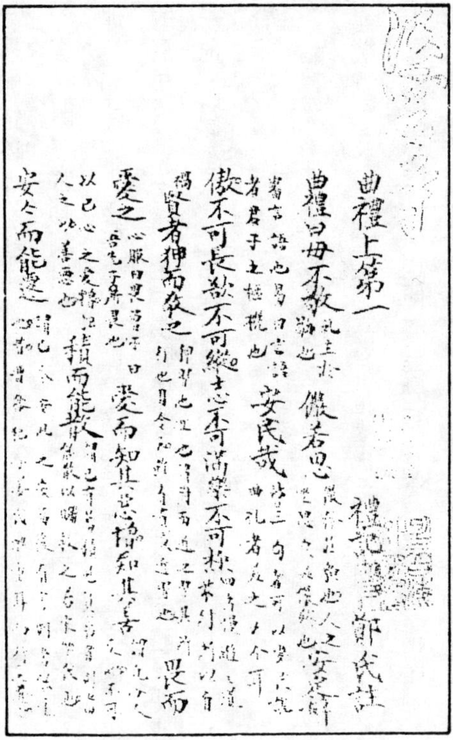
曲禮上第一　禮記　鄭氏注

曲禮曰毋不敬　儼若思　安定辭　安民哉

敖不可長　欲不可從　志不可滿　樂不可極

賢者狎而敬之　畏而愛之　愛而知其惡　憎而知其善

積而能散　安安而能遷

■《禮記》日本古抄本

才爲國家社會服務，締造人類的福祉，原是古今中外人士的共識，只要能達成這一個理想，無論寫成「選賢舉能」，或「選賢與能」其意義都是無比神聖的。

——摘錄自《國文天地》七十八年十二月號

〈桃花源記〉中的六朝口語

問 有人說陶淵明的〈桃花源記〉運用了六朝口語，從那裡可以看出？

（臺北讀者・林明發）

答 **東吳大學中文系副教授王國良**：陶淵明〈桃花源記〉運用六朝方言口語的地方，大概僅有「扶向路，處處誌之」的「扶」字。

潘重規先生〈陶詩析疑〉（《清華學報》新七卷一期，民國五十七年八月）一文云：「扶，沿也，順也，蓋六朝時方言。《晉書・謝安傳》：『扶路唱樂，不覺至州門。』扶路，猶今言沿路也。」

民國七十一年一月，國立編譯館主編修訂本高級中學國文第二冊第十一課，其注釋曾參考潘先生的說法，指明「扶」字大約是六朝時口語，如今新編本國文第一册第十四課，把這條注簡化了，因此一般讀者大都不了解「扶」字的特殊之處。

——摘錄自《國文天地》七十七年九月號

「行已過」的「行」讀音爲何？

問

國中國文第三册第八課〈張釋之執法〉，第一行，第二句「上行出中渭橋」，此句中「行」字音讀以何音較正確？詞性爲何？解釋爲何？又同頁第六行，「久之，以爲行已過」，此句中之「行」字音讀爲行？詞性爲何？解釋爲何？（讀者．謝明芬）

答

臺灣師大國文系教授（國中國文課本編輯）陳品卿：上行出中渭橋，行，音ㄒㄧㄥˊ，動詞。其義有二：

一、巡狩。《周禮．地官．州長》：師田行役之事。疏：行，謂巡守。

二、巡視。《禮記．樂記》：使之行商容而復其位。注：行，猶視也。《孫希旦集解》行，謂行視也。

整句的意思是說：漢文帝巡行經過中渭橋。（巡行，舊稱天子往來視察。如「巡行天下察風俗。」見《漢書・魏相傳》。）下文：「久之，以爲行已過」，師古說：「言天子已過。」此句中之：「行」，即前文「上行」（省略主語），整句的意思是：過了很久，我以爲皇上巡行（的御駕）已經過去了。

——摘錄自《國文天地》七十六年十二月號

問

國中國文第三冊第八課〈張釋之執法〉……「久之，以爲行已過……」其中「行」字的讀音爲何？（臺北讀者，郭秀美）

答

臺灣師大國文系教授許錟輝：「以爲行已過」之「行」，音ㄒㄧㄥˊ，謂天子之巡行。故上文云：「上行出中渭橋」，二「行」字義同。《漢書・張釋之傳》作：「久，以爲行已過，既出，見車騎，即走耳。」師古注：「言天子已過」，王先謙《補注》：「言以為天子行過乃出也」，並以為天子之巡行。

——摘錄自《國文天地》七十八年二月號

問

《史記．張釋之列傳》中的「久之，以為行已過，即出……。」中的「行」該唸何音？（嘉義讀者．徐梅）

答

臺灣師大國文系教授陳滿銘：《史記．張釋之列傳》中：「久之，以為行已過，即出……」中的「行」字，有兩讀：一讀ㄒㄧㄥˊ，用作動詞，「走」的意思，「行已過」即「已行過」之倒裝，意為「已經走過去了」；一讀ㄏㄤˊ，用作名詞，當「隊伍」講，「行已過」，意即「隊伍已經過去了」。這兩說都可通，但後者似乎較前者直接明白。

——摘錄自《國文天地》八十年十月號

《論語・季氏篇》中，「來」字唸第幾聲？

問

《論語・季氏篇》：「故遠人不服，則修文德以來之。既來之，則安之。」句中的兩個「來」字唸第幾聲？（桃園龜山讀者・簡綉鈺）

答

淡江大學中文系副教授竺家寧：「來」的唸法，都唸第二聲就可以了，不需要破音。但有一些人主張字音最好能隨著意義和詞性而改變。此處的「來」既屬致使動詞（使之來），和一般「你來、我來」、「狼來了」的來有不同的文法功能。所以要破音為第四聲。

這只是一種理想化的讀音，純粹是理論上的，完全不存在於活語言中。倡之者往往給它一個名稱，叫「讀音」，以和「語音」對立。

實際上，並無必要。這一類觀念的集大成是宋代賈昌朝的《羣經音辨》、元代劉鑑的《經史動靜字音》。例如，「去」字，如係自己離去，唸四聲；如被人趕走，唸三聲。長輩「養」小輩唸三聲；小輩奉「養」長輩唸四聲。「首」當「頭所嚮」講時（動詞）要唸四聲。「首」當「情所欲」講時（名詞）要唸四聲。諸如此類，是否庸人自擾呢？有的書上把頭一個「來」字注為第四聲，「既來之」的「來」注為第二聲，是因為它把頭一個「來」視為致使動詞，而第二個「來」視為普通動詞（下面的「之」是語助詞）。其實，我們依語音都唸第二聲還比較自然一點。

——摘錄自《國文天地》七十四年七月號

「ㄅㄛ、ㄆㄛ、ㄇㄛ」和「ㄅㄨㄛ、ㄆㄨㄛ、ㄇㄨㄛ」的區別

問

「波、坡、摸」爲何注音成「ㄅㄛ、ㄆㄛ、ㄇㄛ」，而不是「ㄅㄨㄛ、ㄆㄨㄛ、ㄇㄨㄛ」？經查過中華書局的《辭海》後，其結果爲：

波	逋倭切	坡	鋪倭切	模	模咢切
勃	步沒切	婆	蒲訛切	摩	模訛切
跛	補火切	頗	普火切	抹	暮活切
播	布臥切	破	普臥切	墨	暮劾切

所得的注音，發現都有發ㄨ音的現象，是否當初注音的先生搞錯了呢？或者是標準國語本來就是這樣發音的？（高雄讀者・林子超）

答 清華大學中語系教授梅廣：林先生觀察很細密，也很有研究精神，非常可佩。你的問題是：「波、坡、摸」爲何注音寫成「ㄅㄛ、ㄆㄛ、ㄇㄛ」而不是「ㄅㄨㄛ、ㄆㄨㄛ、ㄇㄨㄛ」？也就是說，明明讀起來好像都有一個「介音」ㄨ，爲什麼注音的時候卻把它省去？是不是注音有問題？或者是標準國語的發音本來是沒有「ㄨ」音的？林先生的發音沒有問題，注音也沒有錯誤，「波、坡、摸」寫成「ㄅㄨㄛ、ㄆㄨㄛ、ㄇㄨㄛ」固然正確，寫成「ㄅㄛ、ㄆㄛ、ㄇㄛ」也無不可，這話怎樣說？

原來注音符號的制定並非爲了教人學標準國語發音，它不是一套「音標」。一個用來精確描寫國語發音的音標系統會比注音符號複雜很多。注音符號和國語羅馬字一樣，都是以國語語音結構爲基礎的拼音文字，它的製作一方面固然要顧及國語發音的實況，另一方面還要做到簡單易學。爲了達到實用的目的，這個系統應用了精簡原則來減低其複雜性。而將「波、坡、摸」寫成「ㄅㄛ、ㄆㄛ、ㄇㄛ」就是這精簡原則應用的一個例子。我們知道「ㄨ」這個介音代表圓唇，而「ㄅ」、「ㄆ」、「ㄇ」是唇音聲母，唇音聲母比較容易顯出圓唇的性質，特別是後面跟的是「ㄛ」一類的圓唇元音。在發「波、坡、摸」這三個音的時候，我們可以認爲中間的「ㄨ」音是唇音聲母的屬性，不是獨立的東西，因此不需要標出來。這樣就可以減少一個符號。但遇到「多、拖、囉」的時候，這個「ㄨ」就不能省掉，因爲這三個字音的聲母是舌尖音，而舌尖音通常是沒有圓唇性質的。因此，這裡的「ㄨ」介音只能算是一獨立成分，必須標出來。其他的情形也是如此。

注音符號應用精簡原則的另一個例子，就是「ㄢ」這個符號。這個符號其實代表了〔an〕和〔ɛn〕兩個不同的音。相信不少讀者都曾經感到疑惑：「干」和「堅」是很不一樣的發音，爲什麼注音裡頭都用了「ㄢ」呢？請注意「ㄢ」所代表的兩個音是成互補分配的：在「ㄧ」（〔i〕）之後是〔ɛn〕，其他環境都讀〔an〕。由於這兩個音多出現在不同的語音環境裡，可以視爲一個音的兩個「變體」，因此用一個符號代表就夠了。當然，如果我們硬要爲那個只出現在

〔i〕後面的〔εn〕音添加一個符號，那樣做也是可以的。不過，若就系統加以考量，注音符號的處理方式是絕對正確的。

——摘錄自《國文天地》七十八年四月號

垃圾是「ㄌㄜˋ ㄙㄜˋ」，「ㄌㄚ ㄐㄧ」？

問

「垃圾」二字，舊版《國語辭典》讀作ㄌㄜˋ ㄙㄜˋ，下注「吳語」，即蘇州話，修訂版取消「吳語」之注。坊間大部分辭典均讀作ㄌㄜˋ ㄙㄜˋ！名揚出版社《百科大辭典》讀作ㄌㄚ ㄐㄧ。大陸修訂本《辭源》也讀ㄌㄚ ㄐㄧ。正中出版社《形音義大辭典》認為讀ㄌㄚ ㄐㄧ「失正」。其實，老一輩的外省人多讀ㄌㄚ ㄐㄧ，小時候我也讀ㄌㄚ ㄐㄧ，今天大陸的普通話也讀ㄌㄚ ㄐㄧ。民初「國語統一會」吳敬恆等人多是江蘇籍，雅好吳語，故讀作ㄌㄜˋ ㄙㄜˋ，為求海峽兩岸讀音的統一，我們是否可以改讀ㄌㄚ ㄐㄧ？算不算錯誤？（臺南讀者．盧寄蓉）

字詞語音

答

中研院史語所助理研究員洪惟仁：「垃圾」二字讀ㄌㄜˋ ㄙㄜˋ，許多字典注爲「吳語」。二字不見《康熙字典》。《康熙字典》有「圾」字，引《集韻》、《韻會》，乃「岌岌可危」的「岌」之異體。可見這是方言字。但「垃圾」一詞並不一定是「吳語」，閩南語音lah-sap，骯髒之義；客語亦讀Lásap，亦骯髒之義，可見「垃圾」是南方很普遍通行的詞彙，不一定是吳語才有。

至於「垃圾」二字讀ㄌㄚˋ ㄐㄧ，我想是有邊讀邊的結果，這好比「滑稽」ㄍㄨˇ ㄐㄧ讀ㄏㄨㄚˊ ㄐㄧ，應該是訛讀。儘管如此，語音是約定俗成的，積非可以成是，如果大家都說ㄏㄨㄚˊ ㄐㄧ，你硬要說ㄍㄨˇ ㄐㄧ，人家聽了可能會感到滑稽哩。所以「垃圾」二字，筆者以自己的母語立場，主張國語應讀ㄌㄜˋ ㄙㄜˋ，但如調查結果，絕大多數的中國人都讀ㄌㄚ ㄐㄧ，則應以ㄌㄚ ㄐㄧ爲標準，ㄌㄜˋ ㄙㄜˋ爲古讀或又讀。現在這種調查並未進行，所以筆者以爲還是讀ㄌㄜˋ ㄙㄜˋ爲是。

——摘錄自《國文天地》七十八年十月號

「攀條折其榮」的「榮」該讀何音？

問

漢代「古詩十九首」中的〈庭中有奇樹〉，第三句「攀條折其榮」的「榮」該讀何音？（嘉義讀者・徐梅華）

答

臺灣師大國文系教授陳滿銘：漢「古詩十九首」之九〈庭中有奇樹〉一詩中：「攀條折其榮」的「榮」字，解作「花」，本有兩種讀音：一讀永兵切（見《廣韻》）或於營切（見《集韻》），今皆音ㄖㄨㄥˊ；一讀維傾切（見《集韻》），今音ㄧㄥˊ。但部編《國語辭典》「榮」字下只收一個音讀，即ㄖㄨㄥˊ，而未收ㄧㄥˊ，因此「攀條折其榮」的「榮」字，該讀ㄖㄨㄥˊ。

——摘錄自《國文天地》八十年十月號

修辭學問惑

問

本人有若干問題，特請師大黃慶萱教授指正：

一、修辭教學應在小學抑或中學開始？

二、教授對中學修辭教學的意見？

三、修辭教學的內容應是用詞、造句、描寫、修飾、篇章、風格、辭格、修辭理論、修辭學史，以哪一項最爲重要？

四、教師教修辭，應取材於教材，抑或作家作品？

五、修辭教學要「從作者題旨情境定向發展，逐步明朗確定的思維過程，來看修辭作用」？教授你認爲對嗎？（香港讀者・譚愛梅）

答

臺灣師大國研所教授黃慶萱：承詢有關修辭學諸問題，簡答如下：

一、修辭教學在小學階段就可開始，但應限於句法仿作，偶亦可提示名稱（如「譬喻」）。不必說明「定義」、「原則」等等。

二、在中學，似可設「修辭學」一科，或附於中國語文科目中教學。「修辭學」課程可作系統教學，如附在語文科目中，則應作「計畫編輯」，使修辭學的內涵有次序地由「範文欣賞」加以揭示。又：兩者亦可兼設，以收相輔相成之效。

三、依據個人教學經驗，「辭格」析賞最重要。

四、修辭範例，可兼取自教材與作家作品。中學教材由於教學目標的多元化，不以修辭爲限。要從其中摘出各種修辭範例，是很困難的。教師似可以教材爲主，更由作家作品中覓例補充，如此較爲恰當。

五、假如「作者題旨情境」的確有「定向發展逐步明朗確定的思維過程」，於是依此說明其「修辭作用」，當然是很好的。但是，這必然不是說明「修辭作用」的唯一方法或鐵則。

——摘錄自《國文天地》七十六年九月號

如何區別「暗喻」與「借喻」？

問

暗喻和借喻是否相同？

（苗栗讀者・范義明）

答

政治大學中文系教授黃景進：根據修辭學的說法，暗喻和借喻都是屬於「譬喻」的修辭法，但二者是有區別的。

在暗喻中，正文與譬喻乃由判斷謂語「是」連接起來，例如：「那河畔的金柳／是夕陽中的新娘」（徐志摩〈再別康橋〉）。由這個例子可以看出，暗喻的目的在强調事物之間的緊密關係，故譬喻與被譬喻的對象皆出現在文中。

至於「借喻」，則將重點轉移到譬喻物本身而不談被譬喻的對象，例如：「歲寒，然後知松柏之後凋也。」（《論語．子罕篇》）這是以松柏譬喻君子，君子是被譬喻的對象，但文中並不談君子，而只講松柏如何如何。

由此可見，就認識基礎而言，暗喻與借喻是相同的（都認為譬喻與被譬喻的對象有相同的性質），但在表現手法上，則有不同，暗喻比較關心譬喻與被譬喻對象的關係，而借喻比較關心譬喻本身。

——摘錄自《國文天地》八十一年元月號

複詞詞素的區別

問 文法中之「聯合式合義複詞」與一般的「同義複詞」兩者有何區別與關係？如「體魄」一詞應如何歸屬？請舉例說明之。（金門讀者・王振漢）

答 **臺灣師大國文系教授張文彬**：「聯合式合義複詞」係指構成此類複詞的兩個詞素，在未入複詞前，其詞性相同，而以並列等立的方式複合而成的複詞。此類複詞，例如：「聲音」、「意思」、「分散」、「摩擦」、「美麗」、「乖巧」、「長短」、「濃淡」、「冷熱」、「買賣」、「山水」、「薪水」、「風雨」、「手腳」、「分寸」等皆是。

以上諸例，若依照其詞素意義的類型來分，大致可分爲同義、反義及平行三大類：同義詞複合，如上例「聲音」至「乖巧」六詞皆是；反義詞複合，如上例「長短」至「買賣」四詞皆是；平行詞複合，如上例「山水」至「分寸」四詞皆是。

屬於同義之複合詞，一般人也稱爲「同義複詞」，它是「聯合式合義複詞」的一小類。平行或反義複合詞中，都會有只留其中一個詞素的意義的現象。平行複合中，如「乾淨」只有「淨」義，「國家」只有「國」義。反義複合詞中，如「宮中府中，俱爲一體。陟罰臧否，不宜異同」，「異同」只有「異」義；「衣服所以禦寒暑」中，「寒暑」只有「寒」義。這類只留一半意義的複詞，一般又稱「偏義複詞」或「仄義複詞」，其實這類複詞也是聯合式合義複詞的一小類。

「體魄」一詞，其詞素「體」爲身體之義，屬於具體有形；另一詞素「魄」爲魂魄之義，依附身體，屬於抽象無形，二者並不相同，故就其詞素之義歸類，宜歸爲平行義複合。

「聯合式合義複詞」，係一部分語法學家所使用的語法術語，像呂叔湘、許世瑛先生皆如是稱，和這個術語稱名相異而實質相同的稱謂尚有「並列式合義複詞」、「等立式合義複詞」等。其中以「並列式」稱呼最普遍，「聯合式」次之，而「等立式」又次之。

——摘錄自《國文天地》八十年六月號

什麼是副詞？

問 陶淵明詩：「道狹草木長，夕露沾我衣」，這兩句中有幾個字是副詞？「狹、長、夕、我」等字都是副詞呢？還是只有其中兩、三個字是副詞？（苗栗讀者．楊源燕）

答 **淡江大學中文系教授王仁鈞**：要解決楊先生的問題，首先得把「副詞」的性質確定一下。按商務版《重編國語辭典》第一冊第七四四頁的說法：「區別或限制事物動作、形態、性質的詞，叫副詞。常附加於動詞、形容詞，或其他副詞之上。」依本刊第三期第六十四頁上欄所載：「限制詞，或稱副詞，是表示事件、動作之程度、時間、範圍、情態、語氣的詞類。」以及開明版《修訂本中國文法講話》第三〇頁的界說：「凡是只能表示程度、範圍、時間、可能性、否定作用等，不能單獨指稱實物、實情或實事的詞，都是限制詞（副詞）。」可知「道狹草木長，夕露沾我衣。」不管就其組織結構的成分來說，或就其個別的詞性來說，是沒有任何一個詞符合「副詞」特性的。

我們不妨把這詩句分析一下：

一、它不是兩個字，而是三個句子——「道狹」，「草木長」，「夕露沾我衣」。前二句是表態句，後一句是敍事句。（關於甚麼是表態句的結構，甚麼是敍事句的結構，請參看本刊第一期第六十五頁戴璉璋教授大文〈中國語法中語句分析的商榷〉之部分說明。）

二、「道狹」是以名詞「道」作主語，以形容詞「狹」作謂語（表語）。

三、「草木長」是以名詞「草」、「木」的並列結構作主語，以形容詞「長」作謂語（表語）。

四、「夕露沾我衣」是以主從結構的「夕露」（形容性加語的「夕」與端語「露」組合）作主語，以動詞「沾」作述語，以主從結構的「我衣」（領屬性加語的「我」與端語「衣」組合）作賓語，成為謂語。

五、「夕」本屬名詞，「我」本屬稱代詞，「露」和「衣」都是名詞。

結果，所有的詞，沒有一個是「副詞」。

——摘錄自《國文天地》七十四年九月號

逗號、分號的用法

問 標點符號中逗號（，）、分號（；）如何分別？（臺北市讀者‧余鳳嬌）

答 **臺灣師大國文系教授周何**：分號的用法有三：

一、分開平列文句，如：「所惡於上，毋以使下；所惡於下，毋以事上；所惡於前，毋以先後；所惡於後，毋以從前……」（《大學》）

二、分開兩個獨立、文義相關，但文法不相連屬的句子，如：「聖、則吾不能；我學不厭、而教不倦也。」（《孟子‧公孫丑》）

三、數個互相倚賴的分句，如句子太長，亦可用分號分開，

如：「若民、則無恆產，因無恆心，苟無恆心，故辟邪侈，無不為己；及陷於罪，然後從而刑之，是罔民也。」（《孟子．梁惠王》）

以上的三個用法中，第一個很容易掌握，第二、三則較難。第一例分號上下的句子之間是並列關係，次序可以顛倒；第二、三例分號上下的句子之間是連鎖，次序不可顛倒，很多人濫用分號，都是在疑似後二者的情況下。其實仔細體會，第二、三兩例中的分號改用句號、逗號都不太妥當，這其間的分際，多看、多想，便可思過半矣。如果還不易立即理解，那麼把握一個原則：能不用分號的地方，就不要用。

或許是第二、三例太難把握，所以也有人把分號用在第一例，國中國文第一冊的「語文常識」便只介紹了第一則的用法。第二、三則改用逗號，當然也無不可。

——摘錄自《國文天地》七十五年七月號

語詞多重選擇的方法

問

語詞多重選擇的標準，以文意可通即可選取，或不僅要求文意，尚要考慮習慣用法？

例：「美哉國乎！□□泰山，使古而無死者，則寡人將去此而何之？」缺空的語詞，可以是：(A)蓁蓁(B)蒼蒼(C)萋萋(D)鬱鬱(E)菁菁。

萋萋、鬱鬱皆草木茂盛貌，但萋萋泰山、鬱鬱芳草用詞妥貼否？（金門高中・洪春柳）

答

高師院國研所副教授何淑貞：語詞多重選擇考題的考查目的，如果只是考查學生同義詞語認識的多寡，則只要同意義的，即可選取，而題目不應連錄上下文。

如果考題是連錄上下文，則除考查考生對同義詞語的認識外，應兼測驗其語感的精確度；即所選詞語除於文意可通外，還應注意到是否與前後文的情景意象相合，就不是僅從詞典查到的同義詞語即可選用了。

籠統地說：蓁蓁、蒼蒼、萋萋、鬱鬱、菁菁都可以用來形容泰山，但若與齊景公讚嘆河山壯麗的情景配合，則鬱鬱、蒼蒼較為妥貼。

以鬱鬱形容芳草、萋萋形容泰山是可以的，妥善與否，就要看前後文整個情景所需的意象了。

——摘錄自《國文天地》七十五年二月號

語詞的顛倒運用

問

一、「鳴謝」、「銘謝」，那個對？
二、「馬到成功」還是「馬到功成」？
三、「百善孝爲先」這句話有沒有錯誤？
四、做「事」、「作」人對嗎？「做」和「作」怎麼分別？
五、有些中文語詞如演講（講演）、警員（員警）、事情（情事）顛倒運用，在語義或雅俗之間有沒有分別？（讀者．鄭章敬）

答

淡江大學中文系副教授龔鵬程：一、「鳴謝」與「銘謝」，當然是「銘謝」對，「銘謝」是說謝意銘感五內，永誌不忘。「鳴謝」則是口中大聲說謝罷了。這個詞之所以會弄錯，大概是候選人都喜歡放鞭炮致謝吧。

二、「馬到成功」在行文時，本不妨寫成「馬到功成」，猶如「光陰似箭」，寫作「似箭光陰」，亦無不可，有些成語是可以這樣使用的。

三、「百善孝爲先，萬惡淫爲首」，乃是格言，宋人勸善書中即有此語，誰說不對？

四、「做」與「作」，前者是辦事，後者多用以指創作活動，如「作文」不能寫成「做文」，辦教育培養人才也稱爲「作育人才」，都不能用「做」。故「作人」是指教育，「做人」才是指爲人處世的行爲。用那個對，須看場合。

五、「演講」與「講演」，「警員」與「員警」，「事情」與「情事」，顚倒皆可通。也很難說何者爲正，何者爲俗。

——摘錄自《國文天地》七十六年四月號

「翳」作何解？

問

本人於研習國文時，有下述疑惑：國中國文第四册第八課〈我所知道的康橋〉一文中：「……參差地翳入了天聽」的「翳」字，該作何解？可否有引申？若不改字，文意是否可通？（讀者．王振漢）

答

臺灣師大國文系教授王熙元：徐志摩在〈我所知道的康橋〉一文中，有一段形容炊煙的句子：「遠近的炊煙，成絲的、成縷的、成捲的，輕快的、遲重的，濃灰的、淡青的、慘白的，在靜定的朝氣裡漸漸的上騰，漸漸地不見，彷佛是朝來人們的祈禱，參差地翳入了天聽。」這段充滿想像力而手法細膩的描寫文字，在修辭學上是一組譬喻，「彷佛是」三字是表明譬喻所用的詞語，稱爲「喻詞」，

解惑篇

「炊煙」是譬喻的主體，故稱「喻體」，「祈禱」是用來比方說明譬喻主體的另一事件，稱爲「喻依」，其餘都是附加的形容語或述語補詞。凡是譬喻，喻體與喻依必然有相同或相近的地方，如喻依中述語「翳入了天聽」中的「翳」，顯然與喻體中述語之一「不見」同意。

「翳」字的本義，據《說文解字》的詮釋，是古代帝王車駕上的華蓋，就是具有華采的頂蓋，形狀像傘，張在車上，用來遮蔽陽光或雨露，故引申爲掩蔽物，或供蔽覆的東西，如《國語．齊語》：「兵不解翳」的「翳」，指用來掩蔽兵器的物，如盾之類；《莊子．山木》：「覩一蟬，方得美蔭，而忘其身，螳螂執翳而搏之。」句中的「翳」指供蔽覆的物，如樹葉之類。再引申爲隱藏、遮蔽的意思，如《楚辭．劉向．九歎》：「石嵾嵯以翳日。」「翳日」就是遮蔽陽光；《三國志．魏志．管寧傳》：「抱道懷貞，潛翳海嵎。」「潛翳」就是幽隱。因此，「翳入了天聽」的「翳」，是隱沒的意思，用的是「翳」的引申義，文意自然可通，因爲人們的祈禱聲，也是「漸漸地上騰」、漸漸地隱入天帝的聽聞。

——摘錄自《國文天地》七十六年七月號

「竊」作何解？

問 高中國文第一册第二課〈赴義前稟父書〉中：「竊自滿清入關以來」之「竊」字有「察」、「私自」二義，請問在此句中當用何解？（臺南讀者・黃瓊瑤）

答 **臺灣師大國文系教授曾忠華**：「竊」字在本文中應解爲「察」，意謂細察。「自滿洲入關以來，凌辱我漢人無所不至，迄於今日，外患逼迫，瓜分之禍，已在目前……」如以文法分析本節結構成分，「竊」字應解爲「察」，尤爲明顯。主語爲作者方聲洞（省略）。「竊（察）」爲述語，此述語爲外動詞，其後必帶所射及之事物，其所射及之事物即爲：「自滿洲入關以來，凌辱我漢人無所不至，迄於今日，外患逼迫，瓜分之禍，已在目前。」爲賓語。

茲擧「竊」字解「察」義之例如下，以資參考：朱駿聲《說文通訓定聲》曰：「竊，假借爲察。《荀子・哀公》：『竊其有益與其無益。』《莊子・齊物論》：『竊竊然知之』，司馬注：『猶察察也。』」

案：「竊」字，千結切。屬段玉裁古韻十七部第十五部，「察」字亦隸屬十五部。二字疊韻，故可通假。

——摘錄自《國文天地》七十七年六月號

「惟」字的解釋

問 高中國文課本第四册第一課〈臺灣通史序〉：「惟仁惟孝，義勇奉公」，其中兩個「惟」字當如何解？又：「洪惟我祖先，渡大海，入荒陬」，其中「洪惟」一詞，課本解爲「深思」，但在東大圖書公司所出版之高職國文課本卻解爲「發語詞」，請問何者較爲正確？（臺南讀者．黃瓊瑤）

答 **臺灣師大國文系教授陳滿銘**：高中國文課本第四册第一課〈臺灣通史序〉：「惟仁惟孝，義勇奉公」中的兩個「惟」字，都作助詞用，這和《尚書．大禹謨》：「惟精惟一，允執厥中」的兩個「惟」字，和《老子》二十一章：「道之爲物，惟恍惟惚」的兩個「惟」

字，用法完全相同。至於「洪惟我祖先」中的「洪惟」，高中標準本解爲「深思」，是採用宋蔡沈《書集傳》的說法，蔡沈於《尙書・大誥》：「洪惟我幼沖人」句下注說：「今大思我幼沖之君」，「大思」即「深思」，所以標準本解作「深思」，是有其依據的。而東大圖書公司所印行的高職本解爲「發語詞」，則依據的是清王引之《經傳釋詞》的說法，《經傳釋詞》於「洪」字下說：「洪，發聲也。〈大誥〉曰：『洪惟我幼沖人』，〈多方〉曰：『洪惟圖天之命』，皆是也。解者皆訓爲『大』，失之。」可見東大本的解釋也有它的依據，究竟何者較爲正確？由於牽扯到原出處與使用者雙方，實在難於判斷。

——摘錄自《國文天地》八十年八月號

「强」與「彊」都不是本字

問

辛棄疾的〈采桑子〉裡有句：「爲賦新詞强說愁」，而我國中的國文老師曾說「强」字應是「彊」字才對，可是至今我還未見過任何一本書將「强」字寫作「彊」字。試問何者爲對？（高雄讀者．蔡佳蓉）

答

中央大學中文系副教授張夢機：《說文解字》釋「彊」爲：「弓有力也」，又釋「强」爲「蚚也」，二字引申皆無「勉强」之義。復查該書釋「勥」爲「迫也」，引申則有「勉勥」之義。由此可知，「勉强」一詞，當作「勉勥」，而今「勥」字作「彊」、「强」，乃有本字之用字假借。再者，「强」字假借爲「勥」，由來已久，遂使本字之「㢾」為之而廢，是所以「强」乃廣泛通用也。

——摘錄自《國文天地》七十四年九月號

「蹕」字的正確寫法

問

「蹕」字的正確寫法如何？按一般辭書「蹕」字在足部十一畫，从足畢聲。「畢」字怎麼寫成十一畫？

又「畢」字田部六畫，从田从𠦒。按商務版吳契寧《實用文字學》上冊頁三特別說明：「畢：中直應於田下另起。」祈請解惑。

（讀者・張代新）

答

淡江大學中文系教授王甦：欲知「蹕」字的正確寫法，當先知「畢」字的正確寫法。

據許慎《說文解字》四篇下𠦒部：「畢，田网也。从田从𠦒，象形，或曰田聲。」

字詞語音

畢字从田从𠦒，是會意字。許氏所說的「象形」，是指「𠦒」字像田网之形，不是說「畢」字是象形字，此點必須先弄清楚。

「畢」字於金文寫成畢（畢仲敦）畢（畢姬鬲）畢（畢段敦）諸形，也是从田从𠦒，會意，正與小篆同體。吳契寧《實用文字學》特別說：畢字「依篆當作畢，中直應於田下另起」。（上册一一四頁）其說甚是。

又據教育部所編《常用國字標準字體表》（訂正本）字號二六五一，頁三三八：畢字，部首田字五畫，部首外之筆畫六畫，總筆畫十一畫。

蹕字从足，畢聲，足字七畫，畢字十一畫，則知「蹕」字總筆畫十八畫，見教育部編《次常用字標準字體表稿》（乙表）字號〇六〇七八，頁三〇四。

——摘錄自《國文天地》七十六年二月號

「闃」字的寫法

問 〈正氣歌〉中有一句：「陰房ㄑㄩˋ鬼火」，句中的「ㄑㄩˋ」是怎麼寫的？（讀者·陳紹義）

答 **逢甲大學中文系講師楊振良**：你所問的「ㄑㄩˋ」字寫作「闃」，是寂靜無人的意思，可在普及本《中文大辭典》第九册頁一〇〇九「門」部首查到。這個字的寫法是門中一個「狊」（ㄐㄩˊ）字，一般坊間刊印《文選》由於印刷字體較小，讀者稍不注意，便訛誤爲一個「臭」字了。

此外，「陰房闃鬼火」下還另有「春院閟天黑」一語，二句同讀，尤能感受文天祥於祥興二年十月被元軍解送至燕京時，關在陰溼黑暗牢房中受盡折磨與關懷國家民族，卻無法挽回大勢「孤臣無力可回天」的悲憤困頓。這篇文章用典繁徵博引，但予人一氣呵成、磅礡浩蕩之感，完全是作者「以意運典」成功，故能致耳！

——摘錄自《國文天地》七十六年五月號

「流」字的正確寫法

問

河流的「流」字，應該如何才是正確的寫法？字典裡面都列在「水部六畫」，不是七畫，《常用國字標準字體表》寫成「流」，右邊不是一點一橫，但是四角號碼字典列成3011，不是3411，木旁的「梳」字，情形相同。（美國讀者・楊祚德）

答

臺灣師大國文系教授王熙元：河流的「流」字，正確的寫法，應該依據教育部所研訂的《常用國字標準字體表》寫成「流」，右上方不是一點一橫，所以字典應列於水部六畫，不是七畫。「流」字的左文从㳅，會意（㐬在二水之間），篆文从水㐬（楷書作流）。《說文》解釋「流」字的本義是「水行」，也就是水往低處流動的意思，如《詩經．大雅．常武》：「如川之流」，其中「流」字便是用本義。而㐬是「突忽」的意思，从㐬𠫓，下从巛（同川），音義同𠫓，讀如突。《說文》𠫓部：「𠫓，不順忽出也。从到子。《易》曰：『突如其來。』如不孝子突出，不容於內也。」段注：「謂凡物之反其常、凡事之屰（同逆）其理、突出至前者皆是也，不專謂人子。到，今倒字。……子之不順者謂之突如，造文者因有𠫓字施諸凡不順者。」可知流字右上方的「𠫓」，是倒寫的「子」字，許慎、段玉裁都從「不順」的意義來詮釋，但徐灝《說文箋》引戴侗《六書故》的話說：「𠫓，子生順如脫也，子生必先首下，許氏以順爲逆。」取意與許氏、段氏恰好相反，是從「順」的意義來解說，因爲嬰兒出生時頭部先朝下，故作倒子之形，徐氏因而下按語說：「戴說是也。育从𠫓，正取生長之義；疏从古文㐬，疏者通也，順勢以導之也；流从㐬，亦取順流，必非謂逆流耳。」又於流字下說：「流从㐬者，取順而下意。」戴氏、徐氏之說，頗爲可取，故章太炎先生《文始》說：「流字从㐬，蓋言水流滑利也。」徐灝連類舉出

「育」、「疏」、「流」諸字都從「𠫓」，都是從「倒子」的字形而來，故自然作「𠫓」而不作「去」。漢、魏以前的字形都如此，如石鼓文、《說文解字》、西嶽華山廟碑、曹全碑、魏大饗碑等，至唐書法家歐陽詢之子歐陽通所書道因法師碑、書法家李邕所書，始寫作一點一橫，於是唐以後的楷書字形，民國以來的鉛字楷書字模乃作「育」、「疏」、「流」，若依字形結構來說是不對的，正確寫法當矯正爲「育」、「疏」、「流」才對。

——摘錄自《國文天地》七十六年元月號

「之」、「焉」如何解？

問 「驅之別院」（《浮生六記》）、「雖天地之大，萬物之多，惟吾蜩翼之知」（《莊子》）、「大禹之聖、陶侃之賢」（李文炤〈勤訓〉）、「我輩焉知」中的「之」、「焉」字宜解爲何？詞性又何屬？（嘉義讀者．陳平）

答 **臺灣師大國文系教授戴璉璋**：「驅之別院」，在句法上是「驅之於別院」的簡化。句中的「之」是第三身代詞。稱代上文的「癩蝦蟆」，語譯時可用「牠」字替換。

「天地之大」、「萬物之多」、「大禹之聖」、「陶侃之賢」，四個「之」字是近指代詞，語譯時可用「這樣」來替換。

「我輩焉知」，這裡的「焉」是疑問代詞，語譯時可用「哪裡」、「怎麼」來替換。

——摘錄自《國文天地》七十九年九月號

「之」的詞性

問

「之」連詞不等於「的」，何義？國中課本第五冊後面附錄〈文言常用虛詞淺釋〉，所列「之」字詞性，其中例舉：「吾資之昏，不逮人也」（〈爲學一首示子姪〉），關於「之」字，解爲「連詞」≠的，不知何義？究竟應等於（＝）什麼？是否能當「助詞，無義」用？（讀者・林美珍）

答

師大國文系教授黃慶萱：「吾資之昏」的「之」，沒有詞彙意義，只有語法功能：化造句結構（或稱「詞結」）「吾資昏」爲主從式造句結構（或稱組合式詞結），作謂語「不逮人也」的主語。譯成白話，不是「我天資的糊塗，趕不上別人。」而是「我天資糊塗，趕不上別人。」所以句中「之」不等於「的」;而且不必譯出。也就是說，在白話中沒有相等的詞彙。

這個「之」的詞性，有「介詞」、「連詞」、「助詞」三說，文法學界，尚無定論。來信問，是否能當「助詞，無義」?是十分具有想像力和深思的見解。茲分述如下:

一、**介詞說**:《文通》作者馬建忠定爲「介字」，定義是:「凡虛字用以連實字相關之義者，曰『介字』。」到了黎錦熙寫《新著國語文法》，以爲介詞「是用來介紹名詞或代名詞到『動詞或述說的形容詞』上去，以表示他們的時間、地位、方法、原因種種關係的。」如「太陽從東方出來」，介詞「從」介紹方位名詞「東方」到動詞「出來」的上面，以表示地位關係。而「之」，卻是用來介紹名詞或代名詞到旁的「名詞或代名詞」上去的。而且位置在所介紹的名詞代名詞之後(如「之」在「吾資」之後);與其他介詞都在前不同(如「從」在「東方」之前)。由於這些特別，所以在《比較文法》一書中，定此類「之」爲「特別介詞」。何容先生的

《簡明國語文法》，七十五年新編《國中國文教科書第五册》附錄〈文言常用虛詞淺釋〉，都從「介詞說」。

二、**連詞說**：日本兒島獻吉郎《漢文典》以「之」爲連詞。楊樹達在《高等國文法》連詞章中，舉「而子之壯」的「之」爲陪從連詞。所謂陪從連詞，是「連結輕重異等之詞者」。呂叔湘《中國文法要略》雖然合介詞與連詞爲「關係詞」，爲許世瑛先生《中國文法講話》之所從；但呂書詞語索引卻明白指出「組合式詞結」中的「之」爲「連繫」而非「介繫」。戴璉璋先生《文言文教學上値得注意的文法問題》也名之爲「連詞」。七十四年之前的《國中國文教科書第五册》附錄《文言常用虛詞淺釋》採「連詞說」。

三、**助詞說**：楊樹達《詞詮》附錄《名詞代名詞下「之」、「的」之詞性》，列舉「連詞說」、「語尾說」、「助詞說」，以「助詞說尤其近眞」。但是似乎未包括「吾資之昏」之類的「之」在內。趙元任著，丁邦新先生譯《中國話的文法》定這類「非語彙性詞組的記號」爲「語助詞」。王仁鈞先生作《駕八龍之婉婉兮載雲

解惑篇

旗之委蛇——「實詞」、「虛詞」以及詞類區分》，載於《國文天地》第三期，以爲助詞是：「用以附著在詞、語或句的各個位置裡，顯示語法作用如結構、語勢、音節的詞類」。而以「智能之士」的「之」爲「結構助詞」。七十五年新編《高中文法與修辭教科書》，把「智能之士」、「吾資之昏」、「其疾之憂」等類的「之」，統統認作「結構助詞」，都從趙著的「助詞說」。

至於「一室之不治」的「之」，舊國中教科書已認爲「句中助詞」；「菊之愛」的「之」，新國中教科書已認爲「句中助詞」；「菊之愛」的「之」，新國中教科書也認爲「句中助詞」；「久之」的「之」，新舊國中教科書都認爲「語尾助詞」，與高中文法教科書就相當一致了。

——摘錄自《國文天地》七十六年五月號

問

「之」的詞性如何區別？如國中國文第一册第十一課〈兒時記趣〉裡的「心之所向」應如何解？又「捉蝦蟆，鞭數十，驅之別院」的

「之」如何解釋？（花蓮讀者．萬榮國中教師劉麗玲）

答

臺灣師大國文系教授戴璉璋：古代漢語中的主從結構，放在加語與端語之間的「之」（即所謂等於「的」的「之」），究竟是什麼詞性，語法學家一向有不同的意見。有人認為是介詞（參見馬建忠《馬氏文通》），有人認為是連詞（參見楊樹達《詞詮》），有人又認為是助詞（參見楊伯峻）《古漢語虛詞》）。筆者認為這個問題如要求得解決，應該先問什麼是介詞、連詞及助詞？必須先把這些文法概念界定清楚，再來衡量上述那類「之」字的詞性，才能找到適當的答案。否則一味地在名稱上斷斷爭辯是徒勞無功的。

放在組合式造句結構主語與謂語之間的「之」（即所謂不等於「的」的「之」），詞性問題也跟前面所說的相同。

在教學的立場上，似乎可以把重點放在虛詞作用的辨認這方面，多舉實例幫助學生分辨上述兩類「之」字的功能，也可以拿白話的同類結構來對比，告訴學生在翻譯的時候怎麼處理。筆者認為這些工作都比指定它是什麼詞性要切實有用得多。

上述第一類的「之」字，例如：「魏之名將」（〈空城計〉）、「物外之趣」（〈兒時記趣〉）。第二類的「之」字行，例如：「予獨愛蓮之出淤泥而不染」（〈愛蓮說〉）、「吾資之昏，不逮人也」（〈爲學一首示子姪〉）。而「心之所向」的「之」，屬於上文第一類用法。「所向」的「所」，意指動詞「向」的地方，因此，「所向」等於說「所到的地方」，「心之所向」等於說「心所想到的（地方）」。在這裡，「心」字下面的「之」，語譯時不必翻成「的」，是修辭上的手法。

至於「驅之別院」的「之」，它是放在及物動詞後面的。這類用法通常作代詞，這裡是用來指上文的「蝦蟆」，等於白話的「牠」。「別院」上面省略了介詞「於」。所以這句話可語譯成「把牠趕到別的院子裡去」。

古代漢語中，「之」通「於」的用法比較罕見，「驅往別院」的說法恐怕是受白話影響之故。因此把上一句例中的「之」看作

「於」或「往」，似乎都不如把它看作代詞比較容易被接受。

——摘錄自《國文天地》八十一年二月號

《論語・季氏篇》中，「之」字的詞性問題

問 《論語・季氏篇》：「故遠人不服，則修文德以來之。既來之，則安之。」這裡的三個「之」字作何解？（桃園龜山讀者・簡繡鈺）

答 淡江大學中文系副教授竺家寧：我們可以把「之」字都視爲稱代詞，指「遠人」而言。「來之」、「安之」就是「使之來」、「使之安」的意思，「來」和「安」都是致使動詞。另外還有一個解釋也可通：第一個和第三個「之」指「遠人」，「既來之」的「之」是個助詞，無義。那麼「既來之，則安之」也可以說：「既來，則安之」，意思不變。但是「既來」之下加個助詞「之」，可以和「則安之」對襯，在修辭上較順口。

——摘錄自《國文天地》七十四年九月號

「秦西巴弗忍而與之」的「之」，是指母鹿還是小鹿？

問

〈秦西巴〉一文：「孟孫獵得麑使秦西巴持之歸。其母隨之而啼，秦西巴弗忍而與之。孟孫適至而求麑。答曰：『余弗忍而與其母』，孟孫大怒，逐之。居三月，復召以為其子傅。其御曰：『曩將罪之，今召以為子傅，何也？』孟孫曰：『夫不忍麑，又且忍吾子乎。』」其中：「秦西巴弗忍而與之」的「之」字，指的是母鹿還是小鹿？

（臺中讀者．林維倫）

答

中興大學中文系教授胡楚生：「秦西巴弗忍而與之」的「之」，作稱代詞用，義與「他、它、牠」相當，至於「之」字，在此句中究竟指誰？由於下文「余弗忍而與其母」，秦西巴已明說「與其母」，自然是將小鹿交還給母鹿，因此，從上下義比觀，「之」字自然是指母鹿，而不是小鹿了。

——摘錄自《國文天地》八十年六月號

「飲」與「從」的音義

問

一、「中軍置酒飲歸客」，「飲」字音義爲何？

二、高中國文課本第一册第四課〈左忠毅公軼事〉：「從數騎出」，第二册第十二課《世說新語．絕妙好辭》：「楊修從」，請問此二「從」字音、義、詞性爲何？（高雄讀者．黃瓊瑤）

答

東吳大學中文系講師陳素素：周法高先生在〈中國古代語法．構詞篇．音變〉一章裡說：「飲，歠也，於錦切（上聲）；使之飲曰飲，於禁切（去聲）。」又在同書〈造句編．句之成分〉一章注一引楊樹達的說法：「我從人爲從，平聲讀。使人從我爲從，去聲讀。《漢書．何並傳》云：『並自從吏兵追林卿』，猶今言並自帶吏兵追林卿也。」

前所引二則中，讀去聲的「飲」，和讀去聲的「從」，表示在句子中都是採「致動用法」，戴璉璋先生在《左傳造句法研究》裡說：「所謂致動用法，是致使句遞繫式的簡化。也就是把其中作第一繫述語的致使動詞省略，而把第二繫的述語或表語、斷語提到致使動詞的位置上，使它具備致動的意味。」

今第一問：「飲歸客」，即「使歸客飲」簡化的結果，茲分析如左：

使	歸客	飲——致使句遞繫式
第一繫述語	兼語	第二繫述語
飲	歸客——敘事簡句	
述語	賓語	

第二問：「從數騎」，即「使數騎從」，簡化之結果，分析同「飲歸

客」，不再贅述。

綜上以觀，「飲歸客」之「飲」，其音為「於禁切」（去聲）——ㄧㄣˋ；其義為「使之飲」；其詞性為動詞。「從數騎」之「從」其音見《廣韻》去聲用韻，為「疾用切」——ㄗㄨㄥˋ；其義為「使之從」；其詞性為動詞。至於「楊修從」之「從」字，音ㄘㄨㄥˊ，義為跟隨，詞性為動詞。

——摘錄自《國文天地》七十七年九月號

「賽」和「寶」爲什麼不在同一部首？

問

我ㄒㄧㄢˋ在ㄐㄧㄡˋㄉㄨˊㄩˊㄋㄨㄥˊㄍㄨㄛˊ小一ㄋㄧㄢˊㄐㄧˊ。ㄍㄨㄛˊㄩˇㄎㄜˋ本ㄉㄧˋ八課的生ㄗˋ——「賽」，我ㄔㄚˊㄗˋㄉㄧㄢˇㄕㄨˇㄩˊ「貝」ㄅㄨˋ。「寶」，ㄕㄨˇㄩˊ「宀」ㄅㄨˋ。ㄨㄟˋ什麼這二ㄗˋㄅㄨˋ在同一ㄅㄨˋㄕㄡˇ，ㄋㄧㄣˊㄋㄥˊㄍㄠˋ訴我嗎？ㄒㄧㄝˋㄒㄧㄝˋㄋㄧㄣˊ！（臺北讀者．谷文揚）

答

臺灣師大國文系教授許錟輝：「賽」本來意思是祭祀時報答神的賜福。古代用貝作貨幣，有時祭祀時也用貝，所以「賽」字屬「貝」部。

「寶」字是珍寶的意思，玉、貝都是珍寶，而珍寶要藏在屋裡，所以「寶」字屬「宀」部，「宀」就是房屋的意思。至於玉、貝，既然是珍寶，要藏在屋裡，所以「寶」字在「宀」的下面還有「玉」、「貝」，但都不是部首，不屬於「貝」部或「玉」部。

把文字按照部首來分，是從東漢許慎的《說文解字》開始的。許慎分部的原則，是根據字形、字義，而不是字音，如果一個字的字形有好幾部分和字義相關，就依照字義較重的部分來分部，如「寶」字的「宀」、「貝」、「玉」三部分都和字義有關，而「宀」義較重，所以就分在「宀」部。「寶」字還有一部分「缶」，是聲符，用來注音的，所以「寶」字不屬「缶」部。不過，後來有些字典，不依照許慎的分部原則，卻根據字音來分部，如「閩」字本來的意思是蠻族的一種，居住在現今的福建省和浙江省東部。蠻人喜歡把蛇作為種族的標誌，所以許慎把「閩」字屬「虫」部，虫就是蛇的意思。現在許多字典都把「閩」字放在「門」部，其實「門」是聲符，用來注音的，許慎放在「虫」部才是對的，現在已經弄亂了。

——摘錄自《國文天地》八十年五月號

「分」與「份」的用法

問

梁實秋先生在《讀者文摘》「字詞辨正」專欄中分析「一分」和「一份」的用法時說：凡有組合單位即用「份」字。其意甚明，但不是數量單位時的名詞，如「過分」、「名分」、「緣分」、「部分」是否也應寫作「份」？「分」與「份」究竟如何區別？（板橋讀者．何依）

答

臺灣師大國研所教授周何：行政院於民國六十二年六月二十二日令頒《行政機關公文處理手冊》中，法律統一用字表，規定「部分」、「身分」皆用「分」而不用「份」。行政法令之規定，理應一體遵行。若依文字使用之歷史言，《說文解字》：「份」即文質彬彬之

「彬」字，絕不同於今日之「份」。今每見有以「份」代「分」者，蓋由於「過分」、「名分」、「緣分」諸詞，與「分別」之義既歧，乃變其聲調，以資區別，此即所謂四聲別義、或謂之音隨義轉。其後音既別異，俗或另加入旁作「份」，作爲此一歧義的專用字，而不知古本有此「份」字，而且義也不相同。

——摘錄自《國文天地》七十四年九月號

同音假借字的問題

問

一、布與佈、分與份，有何區別？如何使用？
二、老「板」與老「闆」，何者爲誤？
三、或體字既不能算是錯字，它的意義是否和正字相同？（桃園讀者．張玉瑛）

答

臺灣師大國文系教授沈秋雄：一、布字有㈠麻布、㈡錢布、㈢陳列、㈣宣告等義。當「布」字作㈢及㈣義使用時，也可以寫作「佈」。「分」字被用以表示㈠等級制度中規定給每人的義務（如：本分、職分）、㈡全體中的一部分、㈢事物的一組或一件（如：一分）時，讀ㄈㄣˋ。在前述第㈡和㈢種用法時，「分」字也可以寫作「份」。由於「佈」和「份」都只能在上學特定情況下分別與「布」和「分」兩字相通用，在現在漢語中，它們本身並沒有獨立的意義（據《說文解字》，「份」字本是「文質兼備」的意思，即「文質彬彬」的「彬」的本字。但後世「文質兼備」的意思，一般用「彬」，不用「份」。）所以將「佈」與「份」摒棄不用，而完全用「布」和「分」二字，也是可以的，而且可以避免困擾。

二、根據梁顧野王的《玉篇》，「闆」字的本義是「門中視」，即「從門中察看」的意思。後世俗稱商店主人爲「老闆」，似即用「闆」字的引申義，故以用「闆」字爲正。一般又寫作「老板」，那是同音假借的關係，因已約定俗成，也不能算錯。

三、所謂或體字就是文字的異體，它和正字的音義全同，不能算是錯字。如「鷄」或作「雞」、「鬴」或作「釜」、「鹹」或作「鹹」等皆其例。

——摘錄自《國文天地》七十五年九月號

「辭」、「詞」的區分

問 「詞」字和「辭」字如何分別？（桃園讀者・張玉瑛）

答 臺灣師大國文系教授沈秋雄：「辭」字的本義是指「篇章」，「詞」字的本義是指「摹繪物狀及發聲助語的文字」（參考《說文解字》「詞」字下段注）。但在實際使用上，作爲文詞、言詞或語詞的意義時，「辭」和「詞」兩字往往通用，不作嚴格區別。大概說來，在較古的時代，一般只用「辭」，不用「詞」，所以《周易・繫辭》說：「修辭立其誠」，作「辭」字；到了漢代以後，逐漸以「詞」代替「辭」，如《史記・儒林列傳》說：「是時上方好文詞」，用「詞」字。「辭」和「詞」二字雖然常通用，但在某些特別的用法上，二字也有分別，不能相混，如「辭」字可假借爲「辤」，用作「推辭不受」的意思（據《說文解字》，「推辭不受」的本字當作「辤」），「詞」則不能；「唐詩宋詞」的「詞」字只能寫作「詞」，不能作「辭」等。

——摘錄自《國文天地》七十五年九月號

問

市面上常見的字典和辭典，一是以字的解釋爲主，一是以詞語解釋爲主，但不知道爲什麼有的出版社命名爲「詞典」，有的命名爲「辭典」，二者是否有不同？（臺北讀者．歐素美）

答

中央警官學校資訊管理系教授曾榮汾：「辭」與「詞」二字用法雖有不同，但在「語詞」一義上卻可相通，所以「辭典」又可稱「詞典」，皆指彙輯語言裡的詞語，按某種次序排列，並一一加以解釋其音義，供人查閱的工具書。雖然《重編國語辭典》在「詞典」條下認爲二者有一點差異——詞典多搜集簡單的詞，辭典則兼採較長的語句，但事實上，已多混用。如果就《說文》所載二字本義來看，辭爲：「說」（解釋的意思），詞爲：「意內而言外也」（內在的心意用言語表達出來，即語詞之義）。因此一般語法書說明語言基本的表義單位時慣用「詞」，少用「辭」。就此觀點，稱爲「詞典」較宜。不過文字的使用也要考慮習慣與傳統，早期的辭書如：《辭源》、《辭海》、《中國人名大辭典》、《中國地名大辭典》、《國語辭典》、《中文大辭典》等幾乎都使用「辭」字，所以迄今國內辭書編輯仍多見用「辭典」，如：三民書局《大辭典》、《新辭典》及五南圖書出版公司《活用國語辭典》等。但有一點值得注意：近年來大陸出版了許多工具書，大多使用「詞」字，並且擴大了「詞典」的解釋範疇，因此連架構與傳統詞典無關的，像《古文鑑賞詞典》、《現代漢語頻率詞典》等也稱爲「詞典」。如此看來，就用字歷史而言，二者雖可互通，但就內容演變來看，也許有一天，在海峽對岸「量多」的影響下，若仍視「辭典」爲傳統定義，將會誤「辭典」僅爲「詞典」涵義的一部分而已。但如果認爲「辭典」與「詞典」傳統上既然通用，今日雖然擴大範疇，可以使用「詞典」之處，自然仍可使用「辭典」，則二者並稱的現象必將持續下去。這種情形就如同大陸地區既多用「詞典」，於詞典學研究專刊的「辭書研究」標題卻仍用「辭」字一樣。由此可見語詞用法「約定俗成」的力量。因此對這個問題，較穩當的處理是，不妨把它看成同實異名。英、日文於二者的譯名，亦皆無不同，就是最好的證明。

——摘錄自《國文天地》八十年十二月號

「滙」字不作「滙」

問 「匯」與「滙」何者才正確？
（桃園讀者・張玉瑛）

答 **臺灣師大國文系教授沈秋雄**：「匯」字由「匚」（音ㄈㄤ，即方形的「方」的本字）和「淮」兩字結合而成（前者是形符，後者是聲符），書寫時應保持原來各組成分子的完整性，不宜橫加割裂，所以應當寫作「匯」。如寫成「滙」，把「氵」和「隹」分別放在「匚」的裡面和外面，便是將「淮」字割裂了，這是不可以的。

——摘錄自《國文天地》七十五年九月號

「記」錄及「紀」錄，何者爲是？

問 「記」錄及「紀」錄，那個字才對？

（桃園讀者．張玉瑛）

答 **臺灣師大國文系教授沈秋雄：**記字，从言，本義是「疏解說明」（許慎《說文解字》：「記，疏也。」）；紀字，从系，本義是「絲的頭緒」（《說文解字》：「紀，絲別也。」）。「記載」、「記錄」之義自以用「記」字爲正，然「紀」字用爲動詞，是「治理絲緒」之義，引申則有「治理事物頭緒而分別載錄」之義，故「記載」、「記事」、「記錄」諸「記」字亦通作「紀」字，蕭統《文選》序：「若其記一事，詠一物」，用「記」字；韓愈〈進學解〉：

「紀事者必提其要」，用「紀」字，是其證。所以寫作「記錄」固然沒有問題，寫作「紀錄」也不能算錯。

必須注意的是：當作「記載」之義使用時，「記」與「紀」二字雖然可以通用，但有些特別的習慣用法不得相混，如《史記》不可作《史紀》，〈秦始皇本紀〉不可作〈秦始皇本記〉，又作爲一種文章體裁時，作「記」不作「紀」等。

——摘錄自《國文天地》七十五年九月號

趨之若「鶩」？「騖」？

問 貴刊創刊號第五十頁〈說文解語〉篇首列有報上四句常見的內有錯字的成語：「情致甚佳」、「徹底執行」、「向下扎根」、「趨之若鶩」。好像「趨之若鶩」文內未再提及，不知是否手民漏植？（美國讀者．楊祚德）

答 **臺灣大學中文系教授曾永義**：《國文天地》創刊號我寫了一篇〈說文解語〉，提出一些報章雜誌時常誤用的字語來討論，在開頭一段也同時舉出「趨之若鶩」這句成語，可是下文卻沒有呼應說明。沒想住在美國南卡羅萊州的楊祚德先生「眼尖」，近日特別寫信來詢問，使我無從藏拙、無法逃遁。

解惑篇

我原來是打算要討論「趨之若鶩」的「鶩」到底應當作「鶩」還是「鶩」，因爲成語詞典作「鶩」，而新版的《辭海》作「鶩」。我嘗試追究這句成語的根源，但不得結果，《大漢和辭典》也不見蹤影，連《佩文韻府》也無從查考，於是就偷懶把它擱下了，而卻忘了把開頭抛出的線索刪除。年來無人提及，得過且過，沒想楊先生不放過，我只好强作解人一番，還請楊先生和博雅君子賜正。

「趨之若鶩（鶩）」一般用來形容競相趨附的樣子，含有貶損的意味。

我起先以爲「趨」既然是疾行快步走而有所嚮往的意思，那麼「若」下作「鶩」會比較合適，因爲「鶩」是奔馳的意思，而「鶩」則是鴨子，鴨子走起路來一拐一拐的，怎麼跑也跑不快，與上面的「趨」字不太能闕合。但仔細斟酌卻是不然，應作「鶩」字爲是。

我想起了上小學初中的時候，放學回家，常趁著斜陽，限隨祖母到田野去割青草、挖蚯蚓、釣青蛙，黃昏時分，將割來的青草給白鵝吃，挖來的蚯蚓給鴨子吃。每當我把蚯蚓往地上一撒，家裡養的那十來隻鴨子，就從四方八面，爭先恐後的奔馳過來，對著地上的蚯蚓「狼吞虎嚥」一番。這種情景豈不正是「趨之若鶩」的原始寫照嗎？

其次再來觀察這句成語的語法結構：「趨之若鶩」的「之」字在這裡是以代名詞作「趨」這個動詞的受詞，也就是代表「趨」的對象和目的，結構有如：「愛之適足以害之」的「愛之」和「害之」，它們事實上已經是具有完整意義的句子。「趨之若鶩」這句成語，如果要把它說得完整清楚，那麼就應當是「人們之趨之若鶩之趨之」，也就是說成語是省略了上面這個子句的主語「人們」和下面那個子句的謂語「趨之」，同時也把兩個句中語助詞「之」字省略。如此說來，這句成語的完整意思就應當是：人們趨附競逐於名利，就好像鴨子趨附競逐於食物一樣。當然，這裡是把那個沒有特定對象的代名詞「之」落實成爲「名利」和「食物」了。

曹植〈閒居賦〉中有這麼一句：「何歲月之若鶩」，表面看來句法與「趨之若鶩」相同，其實不然，因爲「歲月之若鶩」就是「歲月若鶩」，「之」字爲語中助詞，「歲月」爲名詞作主語。這句的意思是：歲月快得像奔馳一樣。如果把「趨之若鶩」的「鶩」作「鶩」，那麼有下面兩種情形：

其一，把「趨」當作名詞和主語看待，其間的「之」字也成爲語助詞無義，「若鶩」當作謂語，如此一來，這句成語也可以省作「趨若鶩」，翻成白話就是「快步走像奔馳」，如此合適嗎？

其二，把「趨之」當作名詞子句作主語，「若鶩」作謂語，如此一來，它的意思是：趨附競逐於名利像奔馳一樣，雖然可以說得過去，但總覺得不如作「鶩」之比喻適切。未知方家以爲然否？

——摘錄自《國文天地》七十六年元月號

究竟是「報」，還是「報」？

問

我看報紙，《中國時報》的「報」，刊頭上寫作「報」，《聯合報》則是「報」，我覺得很困惑，到底「報」字該怎麼寫？（基隆讀者·海洋學院教授游祥平）

答

中央大學中文系教授蔡信發：「報」字的構形，據《說文解字》的解釋，是「从㚔从𠬝」（見頁五〇一，南嶽出版社出版）。該書釋㚔為「所以驚人」，是由「大」、「干」二文構成，大作「人」講，干作「冒犯」講，所以二文相合，就有使人心驚之意（見頁五〇〇）。又其釋𠬝為「治」（見又部，頁一一七）。㚔、𠬝相合為「報」，該書釋為「當辠人也」。案所謂：「當辠人也」，即決罪後上告朝廷之意，此爲本義。進而作報導、報告解，則爲其引申義。該字篆形作「報」，後隸書定體作「報」，已失其形，唯沿行已久。至於「報」字，則爲後世書家所增添，若以文字學的立場來論，當屬俗字。據《說文》的釋形，「報」屬會意，然「報」的發聲屬幫紐，𠬝的發聲屬奉紐，都屬脣聲，因此，「報」應是从𠬝得聲的形聲字，而《說文》僅以會意說之，當誤！

——摘錄自《國文天地》七十四年七月號

鬢毛「摧」，還是「衰」？

問

小學國語課本第十册錄唐詩人賀知章〈回鄉偶書〉一首，該詩第二句：「鄉音無改鬢毛摧」，此「摧」字不叶韻，疑是「衰」字，不知是「摧」對？還是「衰」對？另該詩第一句最末一字「回」在此處應讀ㄏㄨㄟˊ？還是ㄏㄨㄞˊ？（臺東讀者．王慶元）

答

臺灣師大國文系教授陳文華：對王先生提出的疑問，謹覆如下：

一、關於詩歌的叶韻，就唐宋詩而言，乃是據中古語音的狀況而制定的，而中古音的情況，則具體呈現在各種韻書中（如《唐韻》、《廣韻》或《詩韻集成》），所以無論創作或研究，對韻部的分合，都當據此為準。賀知章這首詩，現在通行的版本，是以回、催、來三字爲韻，這都出現在《詩韻集成》的「十灰韻」中，換句話說，它並未出韻，倒是王先生欲改「摧」爲「衰」，反而錯了，因爲「衰」是「四支」，與「回」、「來」不叶，這大概是沒有掌握古今音變的道理，誤據國語音讀而導致的困擾。

二、對詩文的校勘，我們首先要確定一個原則：就是必須要有版本的依據，否則，不可臆改。因此，假如王先生只以前述叶韻的角度，欲改「摧」爲「衰」，便站不住腳了。不過，從版本的源流看，我們倒可以發現一些有趣的現象：《四明叢書》中《賀祕監集》據《侯鯖錄》收此詩，次句作「鄉音難改面毛鬛」，下注：「一作鬢毛衰，又作面皮衰。」《侯鯖錄》是北宋時趙令時的一本筆記，來源甚早，因此，我們似乎可以認爲：賀詩原作或是「面毛鬛」，但因語意蹇澀（鬛，多鬚貌），後人覺其不雅，就逕改爲「衰」了。可是，如前所述，「衰」在「四支」，反造成不叶韻，沈德潛編《唐詩別裁》時，注意到這個問題，於是又把「衰」改爲「摧」，這就成爲我們現在習見的樣子了。因此，假如以前述資料判斷，無論是

「催」或「衰」，可能都是沒有根據的臆改。

三、「回」字國語音讀只作「ㄏㄨㄟˊ」，並無「ㄏㄨㄞˊ」，王先生疑讀後一音，仍是受到據國音以求叶韻的觀念之誤導。我們須知：古今既有音變，因此，據今音以讀古詩，無論如何都無法還原原作的聲韻之美的，我們又何必妄改音讀，去削足適履呢？這是一個值得一些所謂詩文「美讀家」去反省的一個課題。

——摘錄自《國文天地》七十六年十月號

「絕」、「絶」何者正確？

問

國字寫法殊異，教育部已編定的標準字體，遇有標準字體錯誤時，該如何教導？例如，「絕」是標準字體，而據某教授說：「絶」字頭上不可寫成「刀」，應寫成「絶」。究竟何者才正確？（花蓮讀者・譚老師）

答

中央警官學校資訊管理系教授曾榮汾：教育部標準字體表中之「絕」，右上从刀，乃據《說文解字・糸部》：「絕，斷絲也。从刀糸，卪聲。」所以从刀。此字偏旁易與「色」字相混。色，《說文》云：「顏气也，从人卪。」上从人，所以標準字體表作「色」，上不从刀，以與「絕」別。此二字之異，有如「負」與「賴」。負字从人守貝，所以作「負」；賴字，從貝，剌聲，所以作「賴」，二字有別，不可相混。標準字體之研訂旨在樹立書寫之準繩，於俗混難分者，往往據其本形而釐清之。故「絕」旁不與「色」混，「賴」旁與「負」有異，是有原因的。

——摘錄自《國文天地》八十一年三月號

「決」、「絕」二字的分別和用法

問 「決」字與「絕」字如何分別？

（臺中讀者·朱亞萍）

答 **東吳大學中研所教授劉兆祐**：根據東漢許愼所編撰的《說文解字》，「決」字的本義：「水下流」。所謂「水下流」，用現在的話說，就是河水潰決向下奔流的意思。所以，凡是和「水下流」有關的詞，如「決河」、「決口」、「決水」、「決隄」等，都用「決」字。這些詞，都是用「決」字的本義。

「絕」字的本義，《說文解字》解釋爲：「斷絲」。所以，凡是事物斷絕的意思，都用這個「絕」字。例如，「絕句」、「絕交」、「絕弦」、「絕望」、「絕後」、「絕氣」、「絕命書」等。

不過，這兩個字，都有引申義。「決」字本來是指河水潰流，因爲隄防斷了，河水才會潰流，也就引申爲「果斷」的意思。所以像「決斷」、「判決」、「決心」、「決定」、「決鬥」、「決議」、「決賽」等有果斷、決定等意義的詞，都用這個「決」字。「絕」字本來的意思是「斷絲」，一條很長的絲線斷了，則到了極點，所以又引申出「極至」、「非常」等意思。像「絕代佳人」、「絕色」、「絕唱」、「絕頂聰明」等詞裡的「絕」字，都富有「極致」或「非常」的意思。

一方面由於「決」、「絕」二字音同，另一方面，這兩個字，雖然一個是指「斷水」，一個是指「斷絲」，但都有「斷」的意思，所以有時候難免會假借通用，例如，「決裂」，有時候可以寫成「絕裂」。

但是，基本上這兩個字是分別得很清楚的。譬如「決配」，是指犯人斷定有罪後流放，而「絕配」則是指了不起的配對。「決流」是指河水潰隄，而「絕流」是指斷水橫渡，不能混淆。

——摘錄自《國文天地》七十六年二月號

問

是「絕不」還是「決不」？「絕對」還是「決對」？（臺北讀者．劉奕成）

答

靜宜大學中文系主任王文顏：《國文天地》二十一期〈解惑篇〉上曾刊載劉兆祐教授回答：〈決、絕二字的分別和用法〉一文，劉先生對「決、絕」二字的本義、引申義、例證，解說得十分詳實可觀，因此這方面的問題不須筆者再加述說，請先詳閱。

「絕」的本義是「斷絲」，「決」的引申義也有「斷」意，因此二字的某些用法可以相通。而「絕不、決不」二詞的重點在「不」字，「絕、決」二字的作用在於加强語氣，例如：「我不妥協」一句，文意已足，如果改爲：「我絕（決）不妥協」，意在强調斬釘截鐵的：「我不妥協」，與單純的：「我不妥協」有意志層次上的區別。

今人的文章之中，「絕不、決不」常見互用，筆者接到問題之後，曾請教過六、七位文學博士，大都持類似看法，筆者個人以爲，「絕不」的語氣較重，近似於「斷然不」毫無回旋餘地，「決不」的語氣稍輕，近似於「決定不」，似乎經過思考斟酌後所下的判斷。如果表達感性的文意，筆者主張用「絕不」，如果表達理性的文意，筆者主張用「決不」。

「絕對」與「相對」對稱，例如絕對溫度，相對溫度、絕對論，相對論、絕對價值，相對價值等等。一般人文章中用「絕對」一詞，含有「一定」的意思，例如：「我絕對出席」就是「我一定出席」，「絕對」是一個完整的詞，不容許分爲「絕」、「對」，與「絕不、決不」的情況不同，因此在文章之中，該用「絕對」一詞時，絕對不能用「決對」，否則絕對會貽笑大方，因爲「絕對」與「決對」絕對不能相通，如果用「決對」絕對是錯誤。

解　惑　篇

——摘錄自《國文天地》七十七年四月號

須需、絕決、燥躁、的得如何分別？

問 須、需；絕、決；燥、躁；弄得或弄的，這幾個字常易混淆，不知如何分別？（羅東讀者．吳育芳）

答 **淡江大學中文系教授王甦**：一、「須」和「需」字，本義不同，讀音相同。「須」，俗字作「鬚」。「需」，本義是：走路遇雨，稍待而不前進，引申有「等待」之義。又假借為「需要」之「需」字。因「須」、「需」同音，故古代二字相通。今「必須」字用「須」、「需要」字用「需」，乃習慣用法。

又《易經》有「需」卦，〈象〉曰：「需，須也，險在前也。」疏：「由險難在前，故有待乃進。」此處「需」、「須」二字，均有「待」義。其本字作「𦍒」。《說文》：「𦍒，立而待也。」故知「需」、「須」作「待」解，皆爲「𦍒」之假借字。

二、「絕」字本義爲「斷絲」，斷絕則窮，引申有「極至」之義，如「絕妙」、「絕色」、「絕對」、「絕才」等。「決」字本義爲「行流」，「行流」即禹之「行水」。《尙書・皐陶謨》：「予決九川，距四海。」《孟子・告子上》：「決諸東方則東流」，引申爲「決斷」、「堅決」之「決」，「決不可如此」，當用「決」。

三、「燥」字本義爲「乾」，即「枯燥」之「燥」。「躁」字不見於《說文》。雖《說文・走部》有「趮」字，作「疾」解。當與俗「躁」字音義相同。《禮記・內則》注：「躁，舉動急疾。」即「躁急」之「躁」。

四、「弄得」一蹋糊塗，此「得」字爲動詞尾，亦可作「弄的」一蹋糊塗。「的」與「得」在此可通用。

——摘錄自《國文天地》七十五年三月號

一、「需要」還是「須要」？

問 生活中在遣詞用句方面常有似是而非的情況，如「需要」與「須要」；「工作」與「做事」；「部份」與「一分子」；「經得起考驗」與「禁不起打擊」……，請問其用法依據為何？兩者差異安在？（讀者・雲根）

答 **臺灣師大國文系講師黃義郎**：一、「需要」與「須要」之差異繫乎其中「需」、「須」二字。「需要」之「需」指「有所欲求」而言，而「須要」之「須」則有「必」、「當」、「應」等含義；就概念性而言，前者屬動詞，後者屬副詞（或謂助動詞）；故「需要」為「有所欲求」之「要」，而「須要」則為「必」、「當」、

「應」之「要」，二者表達之意義有別。雖然，「須」亦或作「需」之通假字，若是則「須要」又無別於「需要」。

二、「工作」與「做事」之差異在於前者爲一詞，而後者爲二詞合成之結構。自語法觀點而言，「工作」爲一合義複詞，其所指稱之概念具有行爲之性質，當隸「動詞」（唯亦可用如名詞）；「做事」爲一動詞「做」加名詞「事」——用作賓語之動賓結構，所表達者除行爲「做」以外，尚兼及行爲對象「事」。

三、「分」與「份」本義有別（《說文》：分，別也；份，文質備也），唯「分」有引申爲「全體之一部」、「全體中之個體」等義者，因與本義相去較遠，乃破音讀爲ㄈㄣˋ，而「份」除本義外，俗又假借爲此等義之「分」，因亦破讀爲ㄈㄣˋ；是故二字義有所相通；然則「部分」或作「部份」、「一分子」或作「一份子」，實無可厚非。

四、「經得起考驗」之「經」與「禁不起打擊」之「禁」，義本有別：「經」指「身歷其境」而言，「禁」則有「勝任」、「承當」、「能耐」等義（破讀爲ㄐㄧㄣ）。唯此分別，俗多不察，常致用途混淆不清。

——摘錄自《國文天地》七十七年七月號

「的」、「得」的區別

問 「的」、「得」二字用法有何不同？

（臺北市讀者．余鳳嬌）

答 **臺灣師大國文系教授周何**：「的」和「得」的用法，「**的**」**是**「**領攝介詞**」（用黎錦熙語，見商務出版，黎著《國語文法》），一般用法有二：

一、用在領屬性加詞之後，如：

我的書。

獅子的勇猛。

二、用在形容性加詞之後，如：

美麗的花。

白色的建築。

第二種用法的「的」，民初有人主張恢復宋儒所用的「底」，如：「伊把我的紫色底背包送給伊的最美麗底朋友」，雖頗爲精確，但並未被普遍採行。

「**得**」**是**「**特別介詞**」，專門引起副詞（語、句），是「到」字的變音，例如：

一、引起副詞：史進把十八般武藝學「得」「精熟」。

二、引起副語：王冕嚇「得」「將衣袖蒙了臉」。

三、引起副句：陽光照「得」「湖面通紅」。

以上的「得」在明清小說中也有一律寫「的」的，但在目前社會，二者大致上是被分開了。

「的」和「得」不易混淆，倒是「得」和「地」有時不易區分，如：

他高興「得」跳了起來

他高興「地」跳著

簡單地區分，「地」是副詞詞尾，「高興」修飾「跳」；「得」是介詞，「跳了起來」修飾「高興」，顯示高興的程度。

——摘錄自《國文天地》七十五年七月號

「系」或是「糸」？

問 《古典中國大系》的「系」字，能否用「糸」字？（高雄讀者‧袁輔民）

答 **淡江大學中文系教授莊雅州**：「大系」係數十年前產生的新詞，一般辭書均未收錄。某些專家學者編選一套有體系的選集或叢書時，往往喜歡以它爲書名，如：朱自清先生等的《中國新文學大系》、李石曾先生等的《世界文學大系》、余光中先生等的《中國現代文學大系》、王夢鷗先生等的《當代中國新文學大系》以及大函所提及的《古典中國大系》皆是。

根據《說文解字》的解釋，「系」（音ㄒㄧˋ），本義爲懸繫，从糸，／聲；「糸」（音ㄇㄧˋ）本義爲細絲，像束絲之類。「系」所以从「糸」，是因爲繫物多賴細絲、繩索之類，而系列、系統、體系……諸義也就由縣繫之義引申而來。唯「系」字雖孳乳於「糸」，字體亦復相近，然兩者音義迥殊，自殷商甲骨文開始，即無通用之例，因此，「大系」不宜寫成「大糸」，否則即屬譌字。

——摘錄自《國文天地》七十六年三月號

「合」、「和」的區別

問 合、和的區別：和平、合作、和菜、和弦、合唱、合奏、和聲、合聲、合音、和音、和約、合約、合同……，如何分別它們的用法？
（臺北讀者・楊禮義）

答 **臺灣師大國文系教授張文彬**：要瞭解一個字所構成的詞語的意義及用法，必得先瞭解該字的訓詁意義。一個字的訓詁意義有本義、引申義及假借義，通常一個字的本義只有一個，也就是文字初造時所取的意義，這意義經過使用後，就產生了許多的引申和假借義。

「合」字《說文》釋爲「亼口」，「亼」義如後代的「集」，這是許慎就小篆形體而解說的，近代文字學家從甲金文觀察，認爲

解惑篇

「合」是器蓋相合之形，像盒底盒蓋之相合，爲一象形字，《說文》所訓，當是它的引申義。「合」字既用爲「會合」義後，後人乃加「皿」成「盒」以還其原。

「合」的引申義除「會合」外，尚有「併合」、「聚合」、「共合」、「配合」、「結合」、「化合」、「脗口」、「適合」等等。引申義本來可以層層引申，形成幹枝分布關係，但上列各義都可說成是本義的直接引申義。

由於「合」有上述引申義，所以才產生了「合作」、「合唱」、「合奏」、「合聲」、「合音」、「合約」、「合同」等詞語。這些詞語，不外是利用「合」的「併合」、「聚合」、「共合」、「配合」等引申義而構成的。

「和」字《說文》釋爲：「相應也，从口禾聲。」是一個形聲字。「和」字从口，而釋爲相應，自是人聲相應爲本義。由這本義再引申爲較抽象之「和諧」、「和合」、「和樂」、「調和」、「平和」等義，由這些引申義，才造成「和平」、「和樂」、「和弦」、「和聲」、「和音」、「和約」等語詞。

「和菜」爲什麼不稱「合菜」呢？因爲它不止一道菜，這些菜事先配合好，使它口味有變化，菜量要合適，一如音樂上將諸宮調配合起來叫「和聲」的道理相似。

「和弦」之「和」，與「和聲」之「和」相同，聲爲人之所發，而弦之所發爲聲，所以「和弦」實際指的是和弦聲。

「和約」和「合約」的不同在「和」有「和平」意，所以「和約」用在停止爭鬥交戰而訂的約定，多半發生在國際間；「合約」則是當事雙方共同的約定所訂的契約，事前無交戰爭鬥情形，所以「合約」的「合」，只取「共合」義。

「合同」本爲「共合、共同」之義，現今也用作「契約」義，這是由「共合」義再引申的結果，蓋契約必由共合簽訂產生。

詞與語詞的使用，多半有約定俗成的因素。「合」和「和」較大的區別在「合」由兩個以上個體交合而成爲一體，「和」卻是兩個以上個體各自存在，但彼此諧和共關。它們的本義不同，經由引中後，部分意義卻很相近，但相近未必相同，只要仔細分辨，不難區別它們之間的差異。

——摘錄自《國文天地》七十七年十一月號

「汎」、「泛」辨名

問

一、庾信〈春賦〉：「石榴聊汎，蒲桃醱醅。」「汎」作何解？《周禮．天官酒正》：「辨五齊之名」，「齊」作何解？一曰「泛齊」之「泛」，是否爲「石榴聊汎」之「汎」？

二、「醱醅」，《中文大辭典》解：「酒再釀」，甚麼是「再釀」？其過程如何？（馬來西亞讀者．楊彩梅）

答

政治大學中文系副教授顏天佑：「石榴聊汎」的「汎」字，一般注解都以爲是「泛杯」、「流杯」的意思。不過，〈春賦〉一文，雖然屬對未必都極嚴謹工整，但是全篇上下句相對，則爲一明顯之事實。而「流杯」之飲酒韻事，與「醱醅」、「酒再釀」的意思，既不相對，與本段末句「文君送酒來」，以及末段之「樹下流杯客」，亦復有層次不合與重複之齟齬。讀者問及「泛齊」與「聊泛」的關連，顯然也是不能認同於「流杯」的解釋。按《周禮·天官·酒正》：「辨五齊之名」的「齊」，鄭注解爲：「每月有祭祀，以度量節作之」，蓋「齊」即「劑」也，此參《周禮·冬官·考工記》中說明銅錫不同比例的「金有六齊」，即可證知。而「齊」有調配之意，商務版《周禮今註今譯》解爲：「造酒調米麴水火之數量」，大致不差。至於五齊中指糟滓上浮之薄酒的「泛齊」，乃依其呈現之狀而定名，與下之「醴齊」、「盎齊」、「緹齊」、「沈齊」俱同。就釀酒一事，和「聊汎」或不無牽連，但若說即出於此，則缺可供說明的直接證據。然則〈春賦〉中「聊汎」、「醱醅」，意指此處有石榴、蒲桃「釀造」之美酒。潘岳〈秋菊賦〉：「汎流英於清醴，似浮萍之隨波」、陶潛《飲酒詩》：「秋菊有佳色，裛露掇其英。泛此忘憂物，遠我遺世情。」皆以菊浮酒，隱約有泡浸生香之意。個人倒是以爲用來解釋「聊汎」之「釀造」，或許可備一說，不知以爲然否？另外「再釀」一事，依正中版《國民常用標準字典》，乃「以酒汁爲水，和穀、麥、果物發酵再行釀造。」除此解釋外，若要更進一步瞭解實況，恐怕就得就教於釀酒專家了。

——摘錄自《國文天地》七十七年十一月號

「炁」、「旡」之辨

問

一、正式本初版國中課本第三冊〈越縵堂日記三則〉的作者李慈銘，字「旡伯」（旡，音ㄞˋ），但試用本中字卻為「炁伯」，何者才對？

又「旡」字，課本音注ㄞˋ，然我曾翻閱幾本字典及《集韻》均注ㄑㄧˋ，究竟何者為是？

二、請問「旡」與「炁」二字，其音義各為何，是否有相通之處？其用法又如何？（臺東讀者・朱惠美）

答

高雄師大國研所副教授林慶勳：一、「旡」與氣息之「氣」（ㄑㄧˋ）同音同義，據西元一〇〇八年宋人所編的《廣韻》說，

「炁」字出於道書。因此「炁海」（穴位名，臍下一寸五分處）也可以寫作「氣海」。

「炁」與憐愛之「愛」（ㄞˋ）同音同義，西元一〇〇年許慎的《說文解字》收有「愛，行皃也，从夂㤅聲。」（五篇下），所从「㤅」聲，其實就是「㤅」字的隸變。《說文》：「㤅，惠也，从心旡聲。」（十篇下），篆文作「」。愛的本義行皃與㤅惠也，兩者相去甚遠但仍相通，段玉裁（西元一七三五～一八一五年）在《說文‧序》注中稱此種現象叫做：「後代譌字冒於假借」，因感嘆道：「自愛行而㤅廢。」（㤅字注）以今天用字的觀點看，愛與㤅可以不別。

二、李慈銘（西元一八二九～一八九四年），浙江會稽人，初名模，字式侯，後更名慈銘，字㤅伯，號蓴客（見閔爾昌編《碑傳集補》卷十、平步青撰《掌山西道監察御史督理街道李君蓴客傳》）。又李濬之編《清畫家詩史》李氏小傳也作「㤅伯」，《清史稿》卷四八六及蔡冠洛編《清代七百名人傳》，則作「愛伯」。未見有作「炁伯」的記載。可見李氏的字是「炁伯」而非「炁伯」。又宋人編《集韻》（西元一〇三九年），卷七去聲八未韻收有「气氣炁（ㄑㄧˋ）一音節外，又收有「欷氣餼愾炁」（ㄒㄧˋ）另一音節，則「炁」除了「ㄎㄞˋ」之外有讀「ㄒㄧˋ」音。造成炁、炁讀音的混淆，是否與此有關不得而知，僅提供參考。或者僅是形近誤植而已，亦請一併考慮。

——摘錄自《國文天地》七十七年元月號

「聖則吾不能」的「則」作何解？

問

《中國文化基本教材》第三册三十六頁：「昔者子貢問於孔子曰：『夫子聖矣乎？』孔子曰：『聖則吾不能，我學不厭而教不倦也。』」請問「聖則吾不能」之「則」字作何解？（臺北讀者．愷扉）

答

臺灣師大國文系教授周何：「聖則吾不能」（《孟子．公孫丑上》），是由假設關係構成的複句，假設小句是「聖」，後果小句是「吾不能」，中間用連接詞「則」連接，所以「則」在此是個很單純的連接詞。比較下句，可以很明顯地看出這種假設關係。

若聖與仁、則吾豈敢。（《論語．述而》）

《孟子》「聖則吾不能」的句型和含義，與《論語》此句相同，如果改成口語，可以說：「如果說到聖，那麼我是不敢當的。」類似的句法，隨手可拈，如：

■孔子與顏回

仁、則吾不知也。(《論語・憲問》)

若夫成功、則天也。(《孟子・梁惠王下》)

乃所願、則學孔子也。(《孟子・公孫丑下》)

——摘錄自《國文天地》七十六年七月號

「無可與語」的「語」作何解？

問

在國中國文第五册第十一課〈陽明成學前的一番經歷〉一文中：「龍場在貴州西北萬山叢棘中，蛇虺魍魎，蠱毒瘴癘，夷人鴃舌，無可與『語』。」此「語」字在參考書中皆有不同說法，同時翻查各字典，彼此解說也不一致，請求解惑。（臺東讀者．李冠為）

答

臺灣師大國文系教授陳新雄：確定字詞的讀音，《廣韻》與《經典釋文》是兩部非常重要的工具書。《廣韻》「語」字兩見：一見於上聲八語韻，引《說文》的解釋：「論也」。跟人談論叫「語」，後來泛指說話。這種意義的反切是「魚巨切」，現在國語讀ㄩˇ。另一見於去聲九御韻，解釋為：「說也，告也。」一般人沒有把「說」字的意思弄明白，把它當作「說話」的說，就跟前面的意思弄混了。這就是爲什麼一般字典會把兩個不同的音混淆的癥結所在。其實這個「說」字《廣韻》的解釋是：「告也。」也就是告訴的意思，引申爲告戒。告訴、告戒《廣韻》的反切是「牛倨切」，現在國語讀ㄩˋ。

國中國文第五冊十一課「無可與語」一段全文如下：「龍場在貴州西北萬山叢棘中，蛇虺魍魎，蠱毒瘴癘，夷人鴃舌，無可與

■王陽明像

語。」

駃舌比喻蠻夷的語音難以聽懂，因爲話聽不懂，就沒有人可跟他交談、談話了。這個「語」字的意義既是「談話」，現代國語應該讀ㄩˇ。「語冰」的語，是談論的意思。這出於《莊子．秋水》：「井鼃不可以語於海者，拘於虛也；夏蟲不可以語於冰者，篤於時也；曲士不可以語於道者，束於教也。今爾出於崖涘，觀於大海，乃知爾醜，爾將可與語大理矣。」《經典釋文》說：「以語，如字，下同。」如字就是如本義的讀音，「語」的本義《說文》解作「論」，也就是「談論」，它的讀音自然就是ㄩˇ了。「語次」出於《史記．黥布列傳》：「布所幸姬疾，請就醫。醫家與中大夫賁赫對門，姬數如醫家，賁赫自以爲侍中，迺厚餽遺，從姬飲醫家，姬侍王，從容語次，譽赫長者也。」語次，就是談話之間，所以也應該讀ㄩˇ才對。

至於讀ㄩˋ音的「語」字，《論語》與《孟子》中有很多的例子。《論語．八佾》：「子語魯大師樂曰」，《經典釋文》說：「子語，魚據反。」《雍也》：「中人以上，可以語上也；中人以下，不可以語上也。」《經典釋文》：「語上，魚據反，下同。」《陽貨》：「居，吾語女。」《經典釋文》：「吾語，魚據反。」這些「語」字都作「告訴」講，《經典釋文》都音「魚據反」，就是現代國語ㄩˋ的音。《孟子．梁惠王上》：「挾太山以超北海，語人曰：我不能。是誠不能也；爲長者折枝，語人曰：我不能。是不爲也，非不能也。」這裡的「語人曰」是「告訴人說」的意思，前人雖沒有注音，但也可以根據它的意義斷定「語」字當音ㄩˋ了。至於作「告戒」講的「語」字，也應該讀作ㄩˋ。像《國語．魯語下》：「季康子問於公父文伯之母，曰：『主亦有以語肥也。』」韋昭注：「語，教戒之也。」這個「語」字既作「告戒」講，也就該讀作ㄩˋ了。

——摘錄自《國文天地》七十五年六月號

〈陳情表〉中的「遠」和「聽」音義爲何？

問 高中國文第三册〈陳情表〉：「是以區區，不能廢遠」，此「遠」字音義爲何？又「願陛下矜愍愚誠，聽臣微志」，此「聽」字音義爲何？（臺南讀者・李素貞）

答 **東吳大學中文系講師陳素素**：按《廣韻》「遠」，一見上聲阮韻，音爲「虞遠切」（ㄩㄢˇ），義爲「遙遠」；一見去聲願韻，音爲「于願切」（ㄩㄢˋ），義爲「離」。然則讀上聲時爲形容詞，讀去聲時爲動詞，今「不能廢遠」之「遠」，衡諸上下文義，蓋屬後者，音爲「ㄩㄢˋ」，義爲「遠離其祖母」。請參見周法高先生《中國古代語法・構詞編》。

又：周祖謨先生《四聲別義釋例》：「意義別有引申變轉，而異其讀」項下云：「聽，聆也，他丁切。平聲聽受謂之聽，他定切。去聲。」蓋謂「聽」本義爲「聆」，讀平聲；引申義爲「聽受」，讀去聲。今「聽臣微志」之「聽」，觀其上下文義，實有「聽任」之意，亦屬引申義。三民書局《大辭典》「聽ㄊㄧㄥˋ」條下云：「聽憑，聽任」，並引《漢書．景帝紀》：「其議民欲徙寬大地者，聽之。」爲例，我以爲《大辭典》所引與「聽臣微志」同例，故錄之以供參考。

——摘錄自《國文天地》七十九年三月號

「百工斯爲備」中「爲」之音義爲何？

問

「一日之所需，百工斯爲備。」中「爲」之音義爲何？（小琉球讀者・黃慶祥）

答

民族國中國文教師劉崇義：「百工斯爲備」是敍事簡句，「爲」字位於副詞「斯」之後，則爲動詞，在句中擔任述語，音作ㄨㄟˊ，作、治的意思。

——摘錄自《國文天地》八十年元月號

「杞」人憂天？「杷」人憂天？

問 「杞人憂天」的「杞」字，《國語活用辭典》（五南書局出版）作「杞」，《說文解字》作「杞」，但《國語日報辭典》、《成語典》作「杷」，究竟何者爲是？（中和讀者・黃素貞）

答 **臺灣大學中文系教授黃沛榮**：「杞」與「杷」形音俱近，從字形上說，自從漢隸以後，「杞」字往往被寫成「杷」；從字音上說，「己」、「巳」二字從古音到唐宋音都是同部。所以古人往往將「杞」、「杷」混同，連《康熙字典》等字書也都不免。可是我們若從小篆或更早的字形來看，「杞」字無疑是从「己」的，現在教育部所頒布的標準字，也作「杞」而不作「杷」。所以「杞國」、

「杞縣」、「杞人」、「杞梁」等都應該寫成「杞」才對。

——摘錄自《國文天地》七十九年元月號

急征「暴」賦如何解釋？

問 高中國文第五册〈論貴粟疏〉：「急征暴賦，賦斂不時」，此「暴」字詞性、意義爲何？（臺南讀者・洪慶明）

答 **東吳大學中文系講師陳素素**：欲明「暴」之詞性，請先分析「暴賦」之句法如左：

暴　賦 ──敍事簡句
（副語）（述語）

按右列分析，「暴」爲「副詞」，擔任副語，修飾其下之述語

「賦」。故「暴」之詞性本為「形容詞」，今以所修飾者為「動詞」，故詞性改變為「副詞」。至於「賦」所以判定為「動詞」，係參考上句「急征」之「征」，「征」為「動詞」，故「賦」為「動詞」。

至於「暴」之意義，在本句為「猝」、為「急」。（見《廣韻》去聲號韻）

綜上所述，「暴賦」與「急征」二句，意義相同，句型相同，或鼂錯欲強其文勢而不嫌重覆乎？

——摘錄自《國文天地》七十九年三月號

不「遺」父母惡名如何解？

問 高中國文第六册第八課〈曾子大孝〉：「父母旣沒，愼行其身，不遺父母惡名，可謂能終也。」其中「遺」字音、義當如何解？（臺南讀者・黃瓊瑤）

答 **中央大學中文系副教授林平和**：〈曾子大孝〉「不遺父母惡」的「遺」，北周盧辯《大戴禮記注》，清孔廣森《大戴禮記補注》，汪照《大戴禮記注補》，王聘珍《大戴禮記解詁》，民國高師仲華（明）先生《大戴禮記今註今譯》，與清阮元《曾子注釋》等，都沒有單字解說，只有高先生在《今譯》中譯作「留給」。謹查《大宋重修廣韻》一書，「遺」字有二個讀音，一爲上平聲六「脂」韻：「以追切，失也；亡也；贈也；加也。」這當為《辭源》、《辭海》、《中文大辭典》、《正中形音義綜合大字典》、《國語大辭典》、《大辭典》等標作「ㄧˊ」音者；二為去聲六「至」韻；「以醉切。贈也。」這當為《辭源》等標作「ㄨㄟˋ」音者；是「遺」字無論讀「ㄧˊ」或「ㄨㄟˋ」，應該都有「贈」義。所以「遺」字讀「ㄧˊ」或「ㄨㄟˋ」

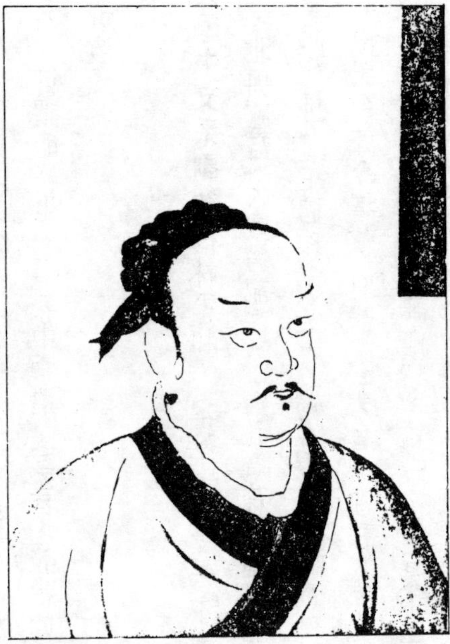

■曾參

都可以。但是以較嚴式的音讀而言，凡是讀作「ㄨㄟˋ」，就應當作「留給」、「留送」，而「不遺父母惡名」，就是說「不要留給（留送）父母壞名聲」；讀作「ㄧˊ」，就應當解作「留」、「留下」、「留存」，而「不遺父母惡名」，就是說「不要留（留下、留存）父母的壞名聲」。個人認為「不遺父母惡名」的「遺」，當以嚴式音讀的後說較為簡明。如此解說，是否切當，請不吝指教。

——摘錄自《國文天地》七十九年八月號

「余從狄君以田渭濱」的「以」字用法

問 《左傳》〈寺人披見文公〉一文中：「其後余從狄君以田渭濱」，其中的「以」字作何用法？（臺北讀者．陳爾惠）

答 東吳大學中文系講師陳素素：試先分析此句句法如左：

余　從狄君　以　田　渭濱　——敍事簡句

（主語）（副語）（連詞）（處所）
　　　　　　　　述語）次賓語）

按右例分析知「以」字在此句中的用法爲「連詞」——連接副語「從狄君」及述語「田」。此種連詞，周法高先生視爲「表示副語及其所修飾成分的記號」，詳見其《中國古代語法．造句編》。

——摘錄自《國文天地》七十八年六月號

宰予「晝寢」三解

問

頃閱《論語．公治長》：「宰予晝寢。子曰：朽木不可雕也。糞土之牆不可杇也。於予與何誅？子曰：始吾於人也，聽其言而信其行。今吾於人也，聽其言而觀其行。於予與改是。」請問「晝寢」二字共有幾解？何者為佳？（臺中讀者．賴芳伶）

答

嘉義女高圖書館主任高明誠：「晝寢」一詞約有三解。

第一解：韓李《論語筆解》，謂「晝」舊文作「畫」。李匡義《資暇錄》云：「『寢』梁武帝讀為寢室之寢，『晝』當作『畫』字。言其繪畫寢室。」周密《齊東野語》謂嘗見隋侯所注《論語》亦言「晝」當作「畫」字。

解惑篇

第二解：朱注：「晝寢謂當晝而寐。」《論語會箋》云：「鄭注：寢，臥息也。晝寢，當晝而寢也。此與《韓詩外傳》，衞靈公晝寢而起，志氣益衰；宋玉《高唐賦》，楚王晝寢於高唐之臺同。不與列子晝寢，夢遊于華胥氏之國同。」

第三解：許愼《說文解字》云：「自日出至日入通謂之晝，『今人』但謂日中爲晝，非『古義』。」由此判斷，宰予之晝寢，蓋晏起之謂也。（此解詳見民國五十三年十月十五日《大陸雜誌》第二十九卷第七期拙稿《晝寢解》。）

上述以第三解爲佳，即「晝寢」，晏起之謂。至於第一解：「繪畫寢室」之說，於情於理皆不通。「繪畫」雖不列於「六藝」之中，然以畫美化寢室，亦無可厚非。況春秋時，士大夫多盛飾其居室。宰予晝寢，是亦未能免俗。聖人焉有動肝火之理？而第二解：朱、鄭「當晝而寐」之訓，俗解午睡，本人亦不敢苟同。聖人德宏量大，責人極寬。今朽木糞土之喻，在一部《論語》中，蓋絕無而僅有者，則宰予之失，必非區區午睡。倘午睡而必受責罵，則劉備之訪孔明也，適其午睡不起，則爲不可雕之朽木，豈能三顧草廬耶？

因此，晝寢乃晏起也。聖人好學，惟日孜孜，發憤忘食，樂以忘憂。宰予不能勤奮早起，直睡日上三竿，委靡懶惰，莫此爲甚，此孔子所以深責宰予也。昔者君子之於學也，夙興夜寐，勤勉自勵。明黃淳耀《甲申日記》云：「晚起是一過。管幼安自訟曰：『吾嘗一朝科頭，三晨晏起，過必在此。』那能習以爲常呢？」所以，「晝寢」二字應解爲晏起，不然，孔子何以罵宰予：「朽木不可雕也，糞土之牆不可杇也」？

——摘錄自《國文天地》七十六年三月號

「翦拂」何以爲吉利語？

問

敝人讀《水滸傳》爲之茶飯不思，拍案叫絕，今有個問題，特就教於專家學者，敬請惠釋。

《水滸傳》第四回：「原來强人『下拜』不說此二字，爲軍中不利，只喚作『翦拂』，此乃吉利的字樣。」

「翦拂」二字作何解釋？爲何說是吉利字樣呢？（竹山讀者．李錫榕）

答

清華大學中語系教授胡萬川： 按「翦拂」二字，典故出自《戰國策．楚策》：「汗明見春申君」條：

汗明曰：「君亦聞驥乎？夫驥之齒至矣，服鹽車而上太行。蹄申膝折，尾湛胕潰，漉汁灑地，白汗交流，中阪遷延，負轅不能上。伯樂遭之，下車攀而哭之，解紵衣以冪之。驥於是俛而噴，仰而鳴，聲達於天，若出金石聲者，何也？彼見伯樂之知己也。今僕之不肖，阨於州部，堀穴窮巷，沈洿鄙俗之日久矣，君獨無意湔拔僕也，使得爲君高鳴屈於梁乎？」

字原作「湔拔」、「湔祓」、「湔拂」。本意指伯樂對千里馬之憐惜愛護，而加以洗濯，去其塵垢之意。後字又多作「翦拂」、「剪拂」，如劉峻（孝標）〈廣絕交論〉：「至於顧盼增其倍價，剪拂使其長鳴。」（《文選》卷五十五）用典正出自《國策》，而作「剪拂」者，意義與「湔拔」相近也。然「湔」意爲「洗濯」，「剪」、「翦」則無「洗」意，後人遂有解釋「翦拂」爲：「修翦其毛鬣，洗拭其塵垢」者，意雖稍別，然皆指對千里馬之愛惜照顧，則所同然。

李白〈天馬歌〉：

鹽車上峻坂，倒行逆施畏日晚。伯樂翦拂中道遺，少盡其力老棄之。（《李太白全集》卷之三）

李白〈贈崔諮議〉：

騆驥本天馬，素非伏櫪駒……希君一剪拂，猶可騁中衢。（《李太白全集》卷之十）

所用亦俱出上引《國策》伯樂惜馬愛馬之典。小說中「下拜」只稱「剪拂」，以其爲吉利字樣，蓋因「翦拂」原意爲對千里馬之愛惜照顧，遂引申爲請對方「多多照顧，多多提拔」之意。不僅此也，下拜而稱「剪拂」，更有隱以對方爲伯樂，自己爲千里馬，兩兩相知相惜之意，所以是「吉利」字樣。李白詩：「希君一剪拂」即隱有此意。

——摘錄自《國文天地》七十六年十二月號

古人如何「推」、「倒」、「撲翻」呢？

問

敝人讀《水滸傳》爲之茶飯不思，拍案叫絕，今有個問題，特就教於專家學者，敬請惠釋：

《水滸傳》中，「好漢」相見總是「欠身施禮」或「唱個喏」，但第三十一回「撲翻身便拜」，第三十四回「推金山、倒玉柱」，如何「撲翻」？又怎樣「推」、「倒」呢？（竹山讀者．李錫榕）

答

清華大學中語系教授胡萬川：《水滸傳》中好漢相見總是「欠身施禮」或「唱個喏」，但第三十一回「撲翻身便拜」，第三十四回：「推金山，倒玉柱」，如何撲翻？又怎樣推、倒？

「撲翻身便拜」，指的是：「拜伏於地」之意，與普通的「欠身施禮」稍有不同。「撲翻」意指：「撲倒於地」。

另，古時有以「金山」形容人之年輕而氣宇不凡，學問高深者，《南史》卷六十二〈朱异傳〉：「年時尚少，德備老成……器宇弘深，神表峯峻。金山萬丈，緣陟未登；玉海千尋，窺映不測。」又多有以「玉山」形容人之丰姿磊落者，如庾信〈周柱國大將軍長孫儉神道碑〉：「公狀貌丘墟，風神磊落，玉山秀立，喬松直上」（《庾子山集注》卷之十三）；《世說新語．容止》：「夏侯太初朗朗如日月之入懷，李安國頹唐如玉山之將崩。」、「嵇叔夜之爲人也，巖巖若孤松之獨立；其醉也，傀俄若玉山之將崩。」後世小說因以金山、玉山喻人之學問丰姿。然金山、玉山不成其對，或許因此而改爲「金山」、「玉柱」，而美稱人之下拜爲：「推金山、倒玉柱」。

按李先生所讀《水滸傳》當爲金聖嘆刪節之七十回本，後世通行者蓋皆此本。然其回目次序與舊本不同，故其所引第四回，三十一回，三十四回之文字，於百回本，百二十回本皆分見於第五回、三十二回、三十五回。臺北華正書局所印近人整理注釋之七十一回本《水滸傳》，上引文字亦見五、三十二、三十五回，讀者們可覆按。

——摘錄自《國文天地》七十六年十二月號

「一股」是否爲「一枝」？

問

白居易〈長恨歌〉：「釵留一股合一扇，釵擘黃金合分鈿」究作何解？「一股」是否爲「一枝」？若是，是否成對製作？否則，如何留下一股？「合」如何留下一扇？「鈿」又爲何物？（馬來西亞讀者．楊彩梅）

答

臺灣師大國文系教授江應龍：釵，首飾的一種，由兩股合成。《正字通》：「釵，婦人兩股笄」。「股」就是「釵腳」。韓偓〈惆悵〉詩：「被頭不煖空霑淚，釵股欲分猶半疑。」所以釵是用兩股做成，可以分開。「合」，就是「盒」。用金銀貝殼等鑲嵌在器物上叫「鈿」。《北史．赤土國傳》：「王榻後作一木龕，以金銀五香木雜鈿之。」〈長恨歌〉說：「鈿合金釵將寄去」，「細合」，便是嵌有花鈿的盒子。「釵留一股合一扇，釵擘黃金合分鈿。」就是說：把兩股的金釵分（擘）開，把嵌有鈿花的盒子上下兩片（扇）分開。（也許嵌在盒子上的完整鈿花，因爲盒子分開而分成了兩半。）陳鴻〈長恨歌傳〉說：「取金釵鈿合，各析其半。」說得很明白。分開後，將其中的一股金釵，一片鈿盒留給自己，將其中另外的一股金釵，一片鈿盒請方士帶給唐明皇，分別留作紀念，表示兩心像金釵鈿盒一樣的堅貞（但教心似金鈿堅），作爲將來見面的佐證（天上人間會相見）。「釵留一股合一扇」、「釵擘黃金合分鈿」這上下兩句話的意思是差不多的。這是一種錯綜的用法，加深讀者的印象，引起讀者的興趣。

——摘錄自《國文天地》七十七年十一月號

「烏鵲」是什麼鳥？

問

蘇軾〈赤壁賦〉中引曹孟德詩：「月明星稀，烏鵲南飛。」請問：

一、「月明星稀」是不是夜相當深了？如是烏還在飛嗎？

二、「烏鵲」是什麼鳥？是烏鴉或喜鵲嗎？

三、烏鴉和喜鵲，人們把它們分別代表凶、吉，兩者合在一起寫，有特別的用意嗎？

四、蘇氏推崇曹操「固一世之雄也」，而今人卻把曹操視爲奸詐小人，何故？得當否？（臺中讀者．倪豪猷）

答

中央大學中文系副教授顏崑陽：一、「月明星稀」只是描寫夜空一般景象，並未顯示特定時間，因此無由判斷是否夜深。並且，在

〈短歌行〉中「月明星稀」以下四句，屬比興意象，比興句常是想像虛構，非當下寫實。您去質問是否夜深？夜深怎有鳥飛？似乎將它當作寫實之句，不免有些拘泥了。

■曹操像

二、「烏鵲」一詞，有時爲詞聯，意指「烏鴉」與「喜鵲」，例如，《晉書．涼後主傳》：「烏鵲爭巢，鵲爲烏殺」。但有時又爲合義複詞，就指「鵲」這一類的飛禽，例如《白孔六帖》：「七月七日，烏鵲塡河」，指的就是喜鵲。「烏」與「鵲」形相似，古人將牠們視爲一類，故「烏」字亦用以爲「鵲」之總稱。《周禮．夏官．羅氏》：「掌羅烏鳥」，鄭玄注云：「烏，謂卑居鵲之屬」。又李時珍《本草綱目》：「鵲，烏屬也」。曹操此詩中「烏鵲」，亦是總稱鵲類之飛禽，不必確分「烏鴉」與「喜鵲」。

三、「烏鵲」既不必確分爲二種鳥，所謂「吉」、「凶」自無意義。這四句的意象，一般皆認爲用「烏鵲擇木」，以喻「賢者擇主」，故下文接云：「周公吐哺，天下歸心」。「烏鵲」只用以比喻賢士，無所謂吉凶之別。何況烏鴉，亦有以爲慈孝之鳥者。

四、歷史人物功過善惡皆是相對而非絕對，看你所採取的評價標準如何。蘇軾只說曹操是「雄」，「雄」者才力過人，也就是一種氣質生命的表現，只關乎「功業」成就，而不關乎「道德」成就。故「雄」有「聖雄」、「英雄」、「奸雄」之分，即在「雄」之上，又加以道德判斷。後世以曹操爲奸，固然曹氏之品行有以致之，但《三國演義》小說的渲染，亦不無影響。

——摘錄自《國文天地》七十七年十二月號

「三省」的解釋

問

《論語・學而》云：「吾日三省吾身：為人謀而不忠乎？與朋友交而不信乎？傳不習乎？」，自古以來「三省」有兩種解釋：

一、多次省察（「三」為虛數，喻其多），

二、省察三事。

那一種解釋比較合理？（韓國讀者・宋寅聖）

答

臺灣師大國文系教授王開府：曾子曰：「吾日三省吾身。」北宋刑昺《論語正義疏》云：「吾每日三自省察己身。」而南宋朱子註云：「曾子以此三者，日省其身。」邢疏似以「三」為次數，朱註則以「三」為「三者」。

解惑篇

《論語》中，數目字出現最多的就是「三」。「三」是數量詞，在《論語》中有三種用法：

一、**當形容詞用**：放在名詞之前，此類最多見，如三年、三家、三隅、三軍、三友、三樂、三畏、三變……等等。「三省吾身」的「省」是動詞，所以「三」不屬此類。

二、**當名詞用**：即朱註「三者」之義。「君子道者三，我無能焉：仁者不憂，知者不惑，勇者不懼。」（〈憲問〉）「君子所貴乎道者三：動容貌……正顏色……出辭氣……。」（〈泰伯〉）、「問一得三：聞詩、聞禮、又聞君子之遠其子也。」（〈季氏〉）由此可知，凡後列三事，前總計其數時，用「三」指「三者」，爲名詞，且句法係將「三」置前半句之末，如「君子道者三」、「問一得三」。而「吾日三省吾身」，「省」爲動詞，「吾」爲主詞，「三」非名詞。如以「三」爲「三者」，其句型應改作：「吾日省吾身者三……」。所以曾子句中之「三」，亦非此類。

三、**當副詞用**：放在動詞之前，用以表數量或次數。表數量，如：「三分天下有其二」（〈泰伯〉），「分」是動詞，「三」是副詞，表次數，如：「令尹子文三仕爲令尹，無喜色；三已之，無慍色。」（〈公冶長〉）、「季文子三思而後行。」（同上）、「泰伯其可謂至德也已矣，三以天下讓。」（〈泰伯〉）、「子路共之，三嗅而作。」（〈鄉黨〉）、「南容三復白圭。」（〈先進〉）、「柳下惠爲士師，三黜。」（〈微子〉），而曾子：「吾日三省吾身」的「省」爲動詞，「三」正爲動詞前用來修飾動詞，表次數之副詞。「吾日三省吾身」與「南容三復白圭」，正是同一句型。朱子註「南容」句云：「一日三復此言，……蓋深有意於謹言也。」朱註即以「三」表次數。我們可倣此朱註以註「吾日三省吾身」云：「一日三省吾身，蓋勤於脩慝也。」

至於以「三」喻多數，爲古人之常法，自亦可說。曾子强調每日多所反省，反省之事如：爲人謀而不忠乎？與朋友交而不信乎？傳不習乎？……等等。曾子祇是列舉而已，固不必限於此三事也，否則事父之孝，事長之敬，竟不在反省之列，豈不可怪！反省之

「三」次，與反省之「三」事，數量上一致，宜爲偶合而已。

——摘錄自《國文天地》七十八年二月號

何謂「區區」？

問

新編高中國文第三册第九課〈答司馬諫議書〉，王安石作，末段有：「無由會晤，不任區區向往之至。」其中「區區」一詞宜作何解較妥？（台北・張愷輝）

答

師大國文系教授黃慶萱：作「誠懇摯愛」解較妥，並且可能藏有要求司馬光「識察」他一顆苦心的意思。案：「區區」一詞，爲疊字衍聲複詞。有「狹小」、「微末」、「摯愛」、「誠懇」種種含意。三國魏明帝時，博士張揖著《廣雅》，在〈釋訓〉有：「區區、稍稍，小也。」又有：「拳拳、區區、款款，愛也。」兩種解釋。《左傳・襄公十七年》：「宋國區區。」這區區是狹小的意思。李陵

〈答蘇武書〉：「區區之心，切慕此耳。」此「區區」猶言微末而誠懇。《古詩十九首》之十七：「一心抱區區，懼君不識察。」「區區」已爲誠懇摯愛之意。《古詩十九首》選進《昭明文選》，而《昭明文選》是唐宋最流行的一本選集。因此詩句有爲王安石所本的可能。假如眞是這樣，王安石用了「區區」而藏住「懼君不能識」，在修辭上，就是「藏詞法」了。

——摘錄自《國文天地》七十五年十一月號

問

李密〈陳情表〉中：「是以區區，不能廢遠」的「區區」該做何解？

（高雄讀者・周宏松）

答

建國中學國文教師楊鴻銘：古文較爲簡潔，因此通常有所省略，本句如把省略部分復原則爲：「是以（吾）區區（之心），不能廢（養祖母）遠（離劉氏）。」

「區區」二字，可有多種解釋：

一、微小——秦以區區之地，致萬乘之權。（賈誼〈過秦論〉）

二、謙詞——區區之心，竊慕此耳。（李陵〈答蘇武書〉）

三、志得意滿——區區焉相樂也。（《呂氏春秋・務本》）

四、愛、依戀——一心抱區區，懼君不識察。（《古詩十九首》）

五、不開朗——莫區區，好天良夜且追遊。（董解元《西廂記諸宮調》）

此解爲愛或依戀之意。

——摘錄自《國文天地》七十八年三月號

「端陽」二字如何解釋？

問 「端五」一稱「端午」，又稱「端陽」。請問「端陽」二字如何解釋？根據何說？出於何處？（臺北讀者．伊士宗）

答 **成功大學中文系主任謝一民**：您的問話中，可以知道您已經瞭解了「端」字的意思了，所疑慮的，只是「端陽」二字合稱的含義。「端陽」一辭，在當今的辭典裡，都沒有進一步分別做單字的詮釋。我試作解釋如後：

端，當做「始」的意思講。《風土記》：「仲夏端午，烹鶩角黍。」注：「端，始也，謂五月初五日也。」

陽，指陽氣而言，《禮記．月令》：「是月（仲夏五月）也，日長至，陰陽爭，死生分。」鄭玄注：「爭者，陽方盛，陰欲起也。」

舊曆五月五日，正是陽氣方盛的時候，因此，端五（端午、重五、重午、五五）又稱做「端陽」，所以《月令廣義》說：「五月五日曰端陽。」

這只是我個人的臆測，提出來給您做爲參考。同時也希望《國文天地》的讀者，對我有所指教。

——摘錄自《國文天地》七十八年九月號

「嘈嘈」、「切切」的注解是否恰當？

問

白居易〈琵琶行〉：「大絃嘈嘈如急雨，小絃切切如私語。」高中國文第四冊第十一課注解「嘈嘈」爲「形容聲音繁雜而高急」，「切切」爲「形容聲音低而細」，然就物理現象言，絃越長越粗（如大絃指此）所發之聲音越低，則「嘈嘈」不應爲「高急」，除非白居易不忠於實際情形；反之，絃越短越細，所發之聲音越高，則「切切」不應爲「低」。請問該注解是否恰當？如有不當，當作何解爲是？（高雄讀者．吳仲軒）

答

臺中師院語教系教授黃盛雄：從琵琶的結構可以推知：

大絃的「嘈嘈」，是指聲音的低沈而響亮，所以說「如急雨」

（「急雨」指音量大，而非音位高），因其震音相連，有若衆聲並起，所以《昭明文選》〈魯靈光殿賦〉注說：「嘈嘈，聲衆也。」小絃的「切切」，是指聲音的輕微細長，所以說「如私語」（「私語」指音量小，而非音位低）。因此，所引《高中國文》白居易〈琵琶行〉之注釋，恐有失誤。

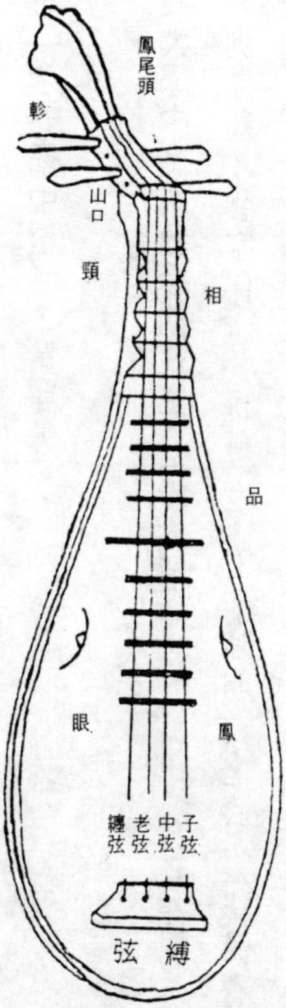

■琵琶的形制及各部名稱

——摘錄自《國文天地》七十八年七月號

史跡「班班」或「斑斑」？

問

「班班可考」、「斑斑可考」何者爲是？爲「史跡班班」或「史跡斑斑」？（臺中讀者・黃麗芳）

答

中興大學中文系教授胡楚生：《說文解字》：「班，分瑞玉。」引申爲分別之義，疊字作：「班班」，有清晰明白之義，《後漢書・趙壹傳》：「不敢班班顯言。」注：「明貌。」是其例。至於「斑」字，《說文》不載，《韻會舉要》：「斑，駁文也。」引申爲雜色之義。因此，「班班可考」，指事物之清晰明白，可以考索即見，不當作「斑斑可考」。同樣地，「史跡班班」，指歷史事跡之清晰可見，也不當作「史跡斑斑」。

——摘錄自《國文天地》七十七年三月號

「粲花」所指爲何？

問 「舌粲蓮花」、「舌燦蓮花」孰是孰非？可否省稱「粲花」？（臺中讀者・黃麗芳）

答 **中興大學中文系教授胡楚生**：《說文解字》：「粲，稻重一秙，爲粟二十斗，爲米十斗曰毇，爲米六斗大半斗曰粲。」段玉裁注：「稻米十斗，舂之爲六斗大半斗，精無過此者矣。」「粲」字本義，是精鑿之米，引申爲精萃鮮明之貌。至於「燦」字，不見於《說文》，屬後起之字，《集韻》：「燦，明貌。」粲、燦二字，古多通用，在「舌粲蓮花」此一成語之中，雖然，作粲爲燦，義皆可通，但仍以作「粲」字，較爲近眞。《開元天寶遺事》曾記：「李白有天才俊逸之譽，每與人談論，皆成句讀，如春葩麗藻，粲於齒牙之下，時人號李白粲花之論。」因此，「舌粲蓮花」省稱「粲花」，應該是可以的。

——摘錄自《國文天地》七十七年三月號

「根深柢固」、「根深蒂固」的區別

問 「根深柢固」、「根深蒂固」是否有區別？

（臺北讀者．劉奕成）

答 **靜宜大學中文系主任王文顏**：關於成語的原始面貌，首先必須查明出處，出處查明則疑惑自然消除。「根深柢固」一語出自《老子》，原文是：「有國之母，可以長久，是謂深根固柢，長生久視之道。」老子以樹木的「深根固柢」比喻「有國之母，可以長久」的道理。《韓非子．解老》解釋《老子》這段文字云：「樹木有曼根，有直根，直（按直字依俞樾說補，見《韓非子集解》引）根者，書之所謂柢也，柢也者，木之所以建生也，曼根者，木之所以持生也……

故曰深其根，固其柢，長生久視之道也。」依照《韓非子》的說法，樹木如果「深根固柢」，一則基礎穩固，不易傾倒，再則養分充足，生命源泉不絕，因此可以「長生」。

「深根固柢」是《老子》的原文，「根深柢固」是後人變化之後的用語，一直沿用至今，其意義應該相同。至於今有寫作「根深蒂固」的，那是不正確的用法，《韓非子集解》在校正前引之文時云：「《經典釋文》云柢亦作蔕，今案蔕字非此之用」，《說文解字》有「蔕字」而無「蒂」字，《康熙字典》云：「蒂同蔕」，《說文》云：「蔕，瓜當也。」《聲類》云：「蔕，果鼻也」，按此二說相同，均指果實與枝梗相連的地方，因此「根深柢固」的「柢」字不能改爲「蒂」字，否則就非原始意義。

不過成語的用法並非一成不變，有時會因時代不同而起變化，例如，「略識之無」來自白居易的故事，指他在襁褓中即穎悟異常，後人卻用以謙稱自己才學疏淺，識字不多。因此如果勉强要用「根深蒂固」也無不可，但其意義應該解釋爲「根深則蒂固」的因果關係，與《老子》「深根」、「固柢」二意並重的原意不同。

■明王世貞的《老子騎牛圖》

——摘錄自《國文天地》七十七年四月號

「拿喬」、「拿蹻」或「拿翹」？

問

「拿喬」、「拿蹻」亦或是「拿翹」？

（基隆讀者．陳麗鴻）

答

政治大學中文系副教授李振興：「拿喬」、「拿蹻」、「拿翹」，這三種寫法都對。因爲不僅字義相同，而且字音也同。凡字義相同的字，可以相互注釋，而字音相同的字，在用法上，可以互相假借。茲說明如次：

一、喬：巨嬌切，溪母，蕭韻。國語音ㄑㄧㄠˊ。作高解。《爾雅．釋詁》：「喬，高也。」《尚書．禹貢》：「厥木惟喬。」《傳》云：「喬，高也」《詩．小雅．伐木》：「遷于喬木。」《毛傳》：

「喬，高也。」《孟子・梁惠王下》：「所謂故國者，非謂有喬木之謂也。」注：「喬，高也。」據以上所引資料，喬字作高解，應無問題。

二、蹻：巨嬌切，蕭韻。國語音ㄑㄧㄠ。蹻爲形聲字，當然有高的意思。《說文》：「蹻，舉足行高也。」段注：「蹻、高疊韻。蹻，猶翹也。蹻，舉足也。」《說文通訓定聲》：「按足舉小高，今多以翹爲之。」據此，蹻不僅有高的意思，而且亦可通翹。

三、翹：渠遙切，溪母，蕭韻。國語音ㄑㄧㄠˊ。《說文》：「尾長毛也，从羽堯聲。」翹既爲形聲字，而堯又可作高解，翹有高義，自不待言。所以段注：「尾長毛，必高舉，故凡高舉曰翹。」翹既可解爲高舉，而與喬、蹻，自可相互注釋。

其次就三字的音讀說，均爲溪母蕭韻，可說是既雙聲又疊韻，即使國語也不例外。所以在字的運用上，可以彼此相互假借，更何況三字的意義又同？古書中音假的字，眞是多得不勝枚舉，如我們形容猶豫不前，多用躑躅二字，可是如寫爲踟躕、蹢躅、峙躇、踷跦……就表達意義說，並無不同。因爲這些字，不是同音，就是音近，所以可以互相假借。而喬、蹻、翹三字，就是基於這種原因而可以互用的。其實寫爲僑、驕、撟、嶠、嶢，也沒有什麼不可以，只是現在一般人習慣寫作「拿翹」罷了。

至於「拿翹」一詞的出處，很可能是地方上的歇後語，由來已久。《老殘遊記．第十二回》：「一切總請二先生代爲力辭方好，不是躲懶，也不是拿喬，實在恐不勝任。」我們看了這段文字以後，當然也就可以體會出拿喬的含義是：「想擡高身價，假裝不會來刁難人」的意思了。

——摘錄自《國文天地》七十七年十月號

「裝潢」與「裝璜」何者正確？

問

「裝潢」與「裝璜」，到底哪一個才對？

（汐止讀者・林秀梅）

答

臺灣師大國文系教授周何：「裝潢」本指裱書畫，又稱裝池，池義同潢，《通雅・器用》云：

> 祕閣初爲太宗藏書之府，并以黃綾裝潢，謂之太清本。潢猶池也，外加緣則內爲池。裝成卷册，即表（裱）背也。

據此，裝裱書畫時，四周加裱絹綾，猶如築堤，中間作品部分有如池潢，故稱裝潢、裝池。後世引申房室裝飾亦稱裝潢。至於俗作裝璜，絕不可從，璜爲玉石，形如半璧。「裝璜」不成文義，此猶「番茄」俗作「蕃茄」，「家具」俗作「傢俱」，皆謬誤不可通。

——摘錄自《國文天地》七十五年六月號

「掃瞄」還是「掃描」？

問 七月份《國文天地》第七十五頁〈書肆掃瞄〉其「掃瞄」一詞的用法很罕見，一般都是用「掃描」，而字典（如三民書局《大辭典》）只有「掃描」，而無「掃瞄」之項，不知「掃瞄」一詞是新用語，還是筆誤？（讀者．紀榮松）

答 **東吳大學中文系副教授王國良**：紀先生所提問題，正好指出了國內在翻譯名詞使用上的分歧現象。市面通行的辭典，如：中華書局《辭海》、商務印書館《重編國語辭典》、三民書局《大辭典》、五南圖書公司《國語活用辭典》等，都收錄「掃描」一詞；《辭海》、《大辭典》並附英文 Scanning 在其下。因此，可以肯定「掃描」是翻譯而來。另外，《重編國語辭典》、《國語活用辭典》兩種，又收錄了

解惑篇

「掃瞄器」一詞。《重編國語辭典》在民國七十年出版，它的解釋是：「（計算機）一種設備，能自動檢查和取樣數種不同的程式，或物理狀況。並且根據所得的資料而引發不同的反應。」《國語活用辭典》七十六年一月才出版，它除了沿用《重編國語辭典》的解說之外，另加一條：「利用超音波特有的功能設計而成，以供醫生診斷病情的醫療設備。」（掃瞄器的原文，大概是Scanner或者Scanning device，在一般的物理學名詞辭典與英漢辭典，通常譯爲掃描器、掃描機。）

從以上所舉例證，我們不難瞭解「掃描」、「掃瞄」二者，似乎已經混用一段時期。若從字面來說，描的意思是摹畫；瞄是俗字，指以目注視。〈書肆掃瞄〉專欄編輯者，假使是想集中目光，針對坊間的新書做快速巡禮、鳥瞰，並略加報導，因而選用了「掃瞄」，相信不算筆誤。至於原翻譯者選字造詞的精確與否，這是一個更棘手的問題，恕無法表示意見。

——摘錄自《國文天地》七十六年九月號

「扶案」是端盤或扶桌子？

問 高中國文第一册第十五課《祭妹文》，其中「汝從東廂扶案出」的「案」字，到底是「盤子」呢？還是「桌子」呢？（大里讀者．張文榮）

答 成功大學中文系主任謝一民：實際上，這不僅是「案」字的問題，而應當是「扶案」的問題。因爲「案」上「扶」字的取義，與「案」有著極其密切的關係。

有人把「扶」字當做「倚扶」講，所以就把「案」字解釋爲「桌子」，於是「扶案」就成爲「扶著桌子」的意思了。有人把「扶」當做「端扶」講，所以就把「案」字解釋爲「盤子」，於是

「扶案」就成爲「端著盤子」的意思了。

以上這兩種不同的解說，個人不敢評斷是非，只就一己所得，提供參考。

我們先來認識一下「扶」字：

《說文解字》：「扶，左也。」「左，𠂇手相左也。」

段注：「左者，今之佐字，說文無佐也。𠂇者，今之左字。𠂇部曰：左手也。謂左助之手也。以手助手，是曰左。」

從《說文解字》的解釋及段玉裁的注解中，我們知道「扶」字的本義，是用左手來輔佐右手。至於用手放在東西上面，來支持身體，這應該是「扶」字的引申義，也正是當今常用的取義。

我們再來認識一下「案」字：

急就篇：「槃、案。」

顏注：「無足曰槃，有足曰案。」

《說文解字》：「案，几屬。」

段注：「按許云几屬，則有足明矣。今之上食木槃近似，惟無足耳。楚漢春秋：淮陽侯謝武涉，漢王賜臣玉案之食。後漢書梁鴻傳；妻爲具食，不敢於鴻前仰視，舉案齊眉。……後世謂所凭爲案，古今之變也。」

從顏氏與段氏的注解中，我們知道「案」字的本義，是有短足的木盤。那是古時候的進食之具，下面短腿兒，是便於放置的。後世把它當做憑依的几案，自然是取其引申義而來。至於把「案」當做「桌子」，那麼該是引申再引申的意義了。

依據文字後來的引申義及當今的習慣用法，把「扶案」解釋做「扶著桌子」，雖然也能夠文義通暢。但是，總不如根據故訓、取其本義，解釋做「雙手端著盤子」，比較妥當。

也有人從另外一個角度，來探討「扶案」的涵義。認爲當時女子纏足，行動不便，扶著桌子走出來，才符合當時的實情。所以「扶案」應當解釋爲「扶著桌子」。

這種說法，個人是不敢苟同的。

古時候女孩子纏足，都是很小就開始的。纏足的初期，當然是不良於行，需要倚扶著桌子。十幾歲以後，腳也就定型了，儘管不像天足的男子，走得那麼穩重，然而婀娜多姿的行走，確也不需要再倚著什麼東西了。況且，袁枚中進士回家的那一年，是二十四歲，而他只比他的妹妹大四歲。（袁枚女弟素文傳：「袁長妹四歲。」）從年齡上來推算，那時候的素文小姐，已經是個二十歲的大姑娘了。二十歲的大姑娘，還需要倚扶著桌子才能行走嗎？

我贊同把「案」字解釋爲「盤子」

——摘錄自《國文天地》七十四年十二月號

解惑篇

問

第一冊〈祭妹文〉的：「汝從東廂扶案出，一家瞠視而笑。」其「扶案」一詞，貴刊曾解作「端著盤子」。然教師手冊卻說「扶著桌子」較佳。「案」宜作何解才適切？（臺中讀者．黃麗芳）

答

成功大學中文系主任謝一民：在第七期《國文天地》裡，我曾經「引經據典」地把「案」解釋作「盤子」。在這裡就不再重複說明。我可以肯定地回答：「案」解作「盤子」，最爲適切。至於教師手冊說「扶著桌子較佳」，這只是一種比較性的認定。而同時，卻也肯定了「端著盤子」、「扶著桌案」兩種解釋，都是正確地詮釋。珍饈百味，各取適口。喜歡那一種說法，就看個人自己的選擇了。

——摘錄自《國文天地》七十七年三月號

「年輕」與「年青」的分別

問 本人往往將「年青人」改為「年輕人」，今發現貴刊第六期五十九頁照片題為「林艮與年青人」。深覺多年來用詞可能有誤，然查《國語日報辭典》僅得「年輕」，並無「年青」。（高雄讀者・黃哲政）

答 **文化大學中文系教授曾榮汾**：「年輕」和「年青」的語法結構是相同的，都是表態的描寫句，就如同「山明」、「水秀」一樣。「年」是主語，形容詞「輕」或「青」就是謂語。但是「年輕」和「年青」的來源卻未必相同。「年輕」當是「年紀輕輕」的意思。就文獻上來看，古人稱年齡，有幾個階段，本但稱「年幾何」，後方稱「年幾歲」。顧炎武《日知錄》卷三十二：「古人但曰年幾何，不言歲也。自太史公始變之，〈秦始皇本紀〉曰：年十三歲。」

後來又有「年紀」之稱。據《通俗編》卷三所載，始見於《後漢書．光武帝紀》。至於年紀之比較，就慣以「大小」、「多少」、「高低」、「輕重」等相對觀念來表達。所以有「年事已高」、「年高德劭」、「年輕力壯」、「年紀幼小」等說法。《幼學故事瓊林》卷二「老壽幼誕」：「畝丘人問年不少，絳縣老歷甲何多？」、《水滸傳》第八回：「只見那馬上年少的官人……。」、《儒林外史》第三十一回：「杜公子雖則年少，實算在我們這邊的豪傑。」、《紅樓夢》第六回：「鳳姐忙道：『我年輕，不太認得，可也不知是什麼輩數兒，不敢稱呼。』」、《紅樓夢》第七回：「寶二叔，你姪兒年輕，倘或說話不妨頭……。」、《恨海》第二回：「那時候年紀小，自然不懂得甚麼嫌疑……。」、《恨海》第九回：「大約年輕男子在外胡鬧都是不免的。」

綜觀這些資料，似乎在形容年紀小時，習慣上只用「年輕」而不用「年青」的。那「年青」的來源又是如何?

「年青」的來源當是「青年」。「青年」一詞，今日多作為「年紀輕的人」來說，與「少年」、「壯年」、「老年」成為一套，代表了人成長過程的各個階段。但是「青年」原也可作為形容詞用，如《紅樓夢》第三回:「及至進來一看，卻是位青年公子。」、《孽海花》第三回:「閨中姊妹，大半是青年孀婦。」義同「年輕」。推其本義，當是「青色年華」，青本就有青翠、青春、新生活力的意思。而「青年」可能會變為「年青」的原因，是因為中國語法，形容詞既可置於名詞後，成為描寫句型，也可以置於名詞前，作附加語用，如「花好——好花」、「人好——好人」等。所以「青年」自也可變成「年青」。只不過這是理論上，從文獻上來看，似乎被約定俗成的是「年輕」或「青年」，而非「年青」。在國語中，因為「輕」、「青」讀音無別，所以易混，但在方言中，如閩南語、客家話，皆只見「年輕」不見「年青」。至於「年輕人」出現時間當不會很早，至少在許多明清小說中「年輕人」都用「後生」來稱呼，如清平山堂話本《西湖三塔記》：「只見兩個力士捉一個後生去了。」、又《錯認屍》：「次日飯後，領一個後生，方年二十歲。」、《紅樓夢》第七回：「一會兒果然帶了個後生來。」閩南語中用的是「少年郎」，不見「年輕人」一詞，「後生」則作為「兒子」的稱呼，也是年輕的意思。在廣東話中，稱「年輕人」則仍稱為「後生仔」，只是在一般日常生活用語中，卻也同時見用「年輕人」或「年青人」；看來，隨著時間的腳步，「年輕人」固較有所本，在理論上也站得住腳的「年青人」似乎慢慢地被約定俗成了。

——摘錄自《國文天地》七十五年四月號

「孤蓬」與「孤篷」何者正確？

問

李白詩：「此地一爲別，孤蓬萬里征」，孤蓬怎麼解釋？我看過一本書，好像是「孤篷」，到底「蓬」對，還是「篷」對？（臺中大里讀者・王程宣）

答

淡江大學中文系副教授顏崑陽：「孤蓬萬里征」，「孤蓬」不可別作「孤篷」。就版本來說，《全唐詩》、《李白詩集》，以及常見的選本，如李攀龍《唐詩選》、沈得潛《唐詩別裁》、蘅塘退士《唐詩三百首》、高步瀛《唐宋詩舉要》等，都未見「孤蓬」作「孤篷」者。就意義來說，以「孤蓬」比喻漂泊無定，是常語，也切合這首詩的意旨。如作「孤篷」，又解「篷」爲船，不但失去象喻之意，而且與末句「蕭蕭班馬鳴」矛盾，從末句看，李白的友人是乘馬車離去，又那來船隻呢？因此，你所看到的「孤篷萬里征」，可能是坊間俗本，排印錯誤，又將錯就錯的一種謬解。

另外，有人引用鮑照〈蕪城賦〉：「孤蓬自振」，來解釋這句，認爲李白有勉勵友人：「身如孤蓬，卻更須格外振作」之意，例如長橋出版社「江南江北」，何寄澎先生便作這樣的解釋。這種解釋是望文生義的謬解，解者想必未曾察考鮑照〈蕪城賦〉：「孤蓬自振」的眞義。「孤蓬自振」，是說孤蓬無風而突自振動，「振」解作「振動」，完全沒有「振作」的意思，所以下句對的是「驚沙坐飛」。故此說不可採信，「孤蓬萬里征」，只是說友人如孤單的一枝蓬草，正要漂泊到遙遠的地方，意思就這麼簡單而悲切，不必曲解。

——摘錄自《國文天地》七十四年七月號

「多情」如何解？

問

「多情應笑我早生華髮」句中「多情」有多種解釋：

一、多情人——由小喬聯想亡妻。

二、應笑我多情——多情指蘇東坡自己。

三、周瑜——仰幕周瑜的東坡想，你該會笑我早生華髮。

以上那一種解釋合情合理？（讀者・建台中學教師林青蓉）

答

臺灣師大國文系教授陳滿銘：蘇軾〈念奴嬌〉詞中「多情應笑我」句，看作是「應笑我多情」的倒裝，較其他兩說爲好，因爲「多情」（感慨萬千之意）才能扣緊「故國神遊」句，才會使得自己「早生華髮」，這樣，在語勢或情理上，比指「亡妻」或「周瑜」，顯然要來得順當多了。

■蘇軾像

——摘錄自《國文天地》八十一年四月號

「審慎」與「精敏」的意解

問

近日常在報章雜誌看到兩個名詞，頗覺疑惑。

其一爲「審愼」一詞，其意義大致可以體會，查新版《辭海》「審」字注下有「愼」之意，然二字連用似乎昔日學習國文並未曾學過。

其二爲「精敏」一詞，與「精」字連用之詞甚多，亦從未學過此一詞。究竟其有所本？或是「約定俗成」之創造？（臺北讀者・張台立）

答

臺灣師大國文系副教授張文彬：「審愼」一詞，意爲愼重。《禮記・王制》：「爵人於朝，與士共之；刑人於市，與衆弃之。」鄭玄注云：「必共之者，所以審慎之也。《書》曰：『克明德慎罰。』」又《漢書》於〈定國傳〉云：「罪疑從輕，加審慎之心。」由上二例可知，「審慎」一詞，漢人已習用。

「精敏」一詞，意爲精明敏捷。《漢書・丁寬傳》云：「時寬爲項生從者讀易，精敏材過項生。」韓愈〈柳子厚墓誌銘〉亦云：「子厚少精敏，無不通達。」是可知「精敏」一詞亦爲漢唐人習用詞彙。

就構詞法言，「審慎」、「精敏」二詞，皆爲聯合式合義複詞，與「美麗」、「精細」等構詞方法相同。

——摘錄自《國文天地》七十四年九月號

「品質」與「素質」有何異同？

問

常在報紙上讀到「生活品質」、「生活素質」、「人的品質」、「人的素質」。例如七十五年七月十二日《聯合報・社論》第一欄第十行：「提高民衆生活素質」，第二欄第八行：「人民重視生活品質」，第四欄：「第三……高素質的各種專家」以及七十五年七月十二日《中央日報》第十二版〈人的品質〉一文。在日常用語中，「品質」、「素質」二者，究竟有何異同？其精確的解釋分別爲何？能交換使用嗎？分別用在那些地方？怎樣用才算對？怎樣用算錯？另外，適當的英文翻譯爲何？請加說明。（讀者・周中亮）

答

臺灣師大國文系教授方祖燊：「品質」與「素質」這兩個複音詞，從結構來看，屬於同一類型，以「質」字為中心，這是它們相同的地方；但在「質」字的前面，另加一字「品」、「素」來修飾限制它，因此在意義上有點不同。我們只要探究「素」與「品」的字義，也就可以得到比較確當的解釋。

「素」，《說文》：「白致繒也。」《急就篇．二素》注：「謂繒之精白者。」素，是指質地細白精緻，未加文飾染色的絹；延伸出來，「素質」就是「本質」的意思。至於「品」字，則含有分別人與物的優劣、好壞、上下、高低等差別的意味在內，如「品茗」、「品酒」、「品題」、「品嘗」、「品級」、「人品」、「詩品」的「品」字，都有這種意味；因此「品質」一詞，指人品、物品的性質，也含有等級、差次的價值觀念。現在多用在商業方面，如「品質管制」，就是一種產品由原料到成品整個製造過程，都嚴加控制、分析、檢驗，務期達到一定的水準，這就是所謂「品質」管制。現在常見人用「標準品質」、「第一流的品質」、「高品質」、「低品質」、「品質有問題」。「品質」與「素質」的用法不同的地方，由此也可以看出來了。

「提高民衆生活素質」的意思，就是「提高民衆生活的本質」；「人民重視生活品質」，也就是說：「現在人民比以前較重視生活品質的提高」。《中央日報·人的品質》一文，作者指出現在：「人的品質，日形低劣」，所以才會到處破壞自然景觀與生態，結語說除了要「提高生活品質」，還要「改善人的品質」；這裡「品質」一詞，意指人的「品德」、「德性」而言。因此，我們知道「字」面稍異，其「義」也常常稍有出入；當然，我國因爲方言多，古今語不同，所以字面不同而意義相同的「同義詞」也很多，如「父親」與「爸爸」、「爹爹」就是。一個詞怎麼用？用得確當，就算對；不當，不一定就算錯，但可以說「不頂好」。

「品質」，英文作 quality。standard quality 就是標準品質；first class quality 就是頭等品質；high quality 就是高品質；poor quality 就是低品質。譬如說 This piece of cloth is poor in quality，可以翻譯做「這是一塊壞品質（質料差）的布。」可是 She has many fine qualities，只可譯做「她有很多的優點」；qualities，在這裡若譯成「品質」，就不太妥當了。「素質」，相當英語的 essence；如 The two things are very different in essence。就是「這兩樣東西在本質（素質）上是非常不同的」。素質，有時候也可以用 quality 來表示。

——摘錄自《國文天地》七十五年十月號

「潤格」可否等同於「潤資」、「潤毫」？

問

「潤格」是否可等同於「潤資」、「潤毫」之義？

（臺南讀者・黃瓊瑤）

答

空中大學人文系講師簡恩定：所謂「潤格」，原本是古代文人代人作書、畫、文所訂定的酬金價目表，也稱為「潤例」。清朝的鄭板橋就曾自訂「板橋潤格」說：「大幅六兩，中幅四兩，小幅二兩，條幅對聯一兩，扇子斗方五錢。凡送禮物食物，總不如白銀為妙；公之所送，未必弟之所好也。送現銀則中心喜樂，書畫皆佳。禮物既屬糾纏，賒欠尤為賴帳。年老體倦，亦不能陪諸君子作無益語言也。」眞是快人快語！至於「潤資」、「潤毫」之義則相當於「潤筆」，指送給代作書、畫、文作者的酬勞。所以「潤格」不能等同於「潤資」或「潤毫」之義。

——摘錄自《國文天地》七十八年元月號

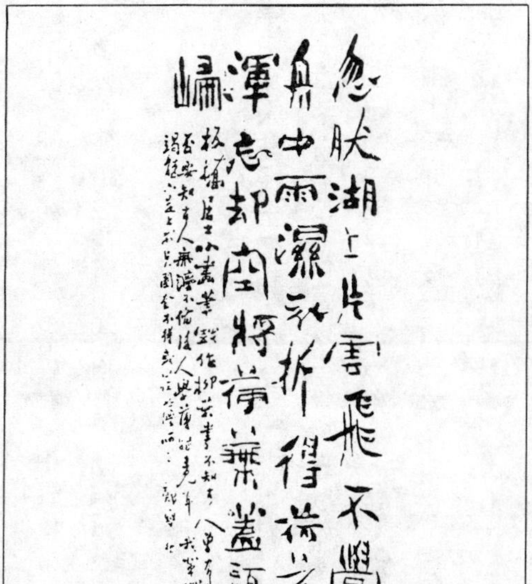

■鄭板橋畫的柳葉書

關於「相」字的詞性

問

第二冊〈祭十二郎文〉的：「不得與汝相養以生，相守以死。」其「相」字屬於何種詞性？何謂「相養」、「相守」？（臺中讀者・黃麗芳）

答

淡江大學中文系教授王仁鈞：依句法的結構慣例來解析，韓愈〈祭十二郎文〉：「不得與汝相養以生，相守以死。」不管是「養」也好，「守」也好，「生」也好，「死」也好，都關涉到韓愈本人和對方（汝——十二郎）。按「相」字的用法，如果是表示有兩個或兩個以上主體發出同樣的動作、行為，並且進一步交互涉及對方的話，那麼它便屬於範圍限制詞（範圍副詞）的詞性，需安置在它所修飾的動詞之上。因此，這裡的「相養」、「相守」是指「（吾）與汝共同相養」、「（吾）與汝共同相守」，全句相當於語體的：「（我）沒能和你在活著的時候互相照顧扶持；在死去的時候共相廝守一起。」意謂著親人不能相聚的莫大悲慟；也意謂著韓愈和十二郎之間共同願望未能順利達成的莫大悲哀。

但是，文學語言不同於科學語言。科學語言只要解決了語法問題，便解決了表達問題；而文學語言雖然不宜脫離語法的約束，然而更宜摻入修辭的滋潤，因而在探索文學語言時，語法問題和修辭問題是須要同時考慮的，譬如這裡「相養」、「相守」的語法結構相同，可是修辭性質卻小有不同，在表情達意上，絕不能把它們看僵掉。

——摘錄自《國文天地》七十七年三月號

問

〈木蘭詩〉裡的「出郭相扶將」的「相」字及《世說新語・陳元方答客問》裡的「相委而去」的「相」字，詞性各為何？且能否將此二

詞性的意義、作用簡述一番，以資理解？（臺北讀者・林奕文）

答 **中興大學中文系教授胡楚生**：一、〈木蘭詩〉中：「爺孃聞女來，出郭相扶將」，「相」，是相互彼此之義，將，持也，二句指父母與木蘭相互扶持，此處的「相」字，應作「副詞」用。

二、《世說新語．陳元方答客問》中的「相委而去」，委是捨棄之義，此處的「相」字，用於動詞「委」字之前，指甲方對於乙方的行爲而言，應作「助詞」用。

——摘錄自《國文天地》八十年三月號

問 高中課本第一冊第十二課〈師說〉一文中的「不恥相師」，此「相」字詞性意義爲何？是否有類似詞句？（臺南讀者・黃瓊瑤）

答 **臺灣師大國文系教授張文彬**：「相」字的本義，《說文》釋爲「省視也。从目木。」《詩》云：「相鼠有皮。」及今人「相命」之

「相」，皆用本義，音讀ㄒㄧㄤ，爲動詞。

讀去聲的「相」，另有一引申義解釋爲「助」之義，如「吉人天相」，亦爲動詞。

「相」字又有讀陰平聲者，大抵此「相」字用在動詞前，成爲「相＋V.」結構。這種結構有兩個特性：

一、「相＋V.」結構中，V.下之受動者（即一般所謂的賓語），在一般語法環境（即書面或口頭語言）中，恆爲省略。

二、「相＋V.」結構中，其施動者（即一般所謂的主語，恆置於「相」字上，大抵可分爲複數名詞（即兩個個體以上）及單數名詞兩類：前者如「輔車相依」，施動者「輔車」係兩個名詞，其所「依」者，在「輔」與「車」之間，故「相」有互向之義；後者如「兒童相見不相識，笑問客從何處來」（賀知章詩），施動者「兒童」爲一個體，此兒童所見、所識皆爲作者本人（即我），所以這「相」字有直向之義。

現在我把「輔車相依」的「相」，稱爲甲式的「相」，把「兒童相見不相識」的「相」稱爲乙式的「相」。馬建忠《文通》指甲式的「相」爲互指代字，王力、周法高諸先生，則承其說，而以兩式的「相」皆爲代詞，近人則多定爲副詞，當以做副詞爲正說。

〈師說〉中的「不恥相師」，到底屬於甲式或乙式，要看「不恥」的施動者，究爲單數名詞或複數名詞。〈師說〉原文云：「巫醫、樂師、百工之人，不恥相師。」則不恥者當是巫醫、樂師、百工中的人，應視爲單數名詞，這種人不以「師人」爲恥，「師人」的「人」，即另外一人，所以「不恥相師」應定爲乙式之「相」。

呂叔湘氏以乙式之「相」有偏指義，故承其說者，多云此類「相」字有「稱代兼指示的作用」。譬如「兒童相見不相識」句中，「相見」的「相」，稱代了「見」下的賓語「我」，指示了這個「我」要省略。而「不恥相師」一句中，「相」字稱代了「師」下的「人」，指示了「師」下要省去「人」。這種說法，看似很有道理，其實「相」字不具稱代指示作用。其所以省略，乃因邏輯推論，可確知所省略的賓語爲何而不說出的。

詞，產生了互向限制，成爲「互相」之義；在乙式中，它依然限制其下之動詞，因主語所發之動作，對於賓語產生直向關係，這個「相」字，就是這直向義的副詞。試想，「相見」一語，指「兒童見我」，「兒童」之於我，乃直向（非互向）之關係，「相」字的副詞性，正是這「直向」的意義。

「相」字在甲式中，限制了其下之動詞，且因其主語爲複數名

試看下列諸句，就可知道「相」字不具指代作用：

一、諸君相還兒，厚矣；夫人情雖愛其子，然吾憐戩之小，請以陵易之。（《魏志・張範傳》）（陵，範子；戩，範弟）

二、小蛇謂大蛇曰：「子行而我隨之。人以爲蛇之行者耳，必有殺子，不如相銜負我以行，人必以我爲神君也。」乃相銜負以越公道而行。（《韓非子・說林上》）

三、相煩押司便行此事。（百二十回本《水滸傳・十八回》）

四、或遇著開壇誦經，親友上祭之日，亦扎掙相幫尤氏料理。（《紅樓夢・六十三回》）

類似此類句子，史籍尚有許多，即此類句子爲「V」下不省略賓語，既不省略賓語，則「相」字何來指代作用，「相」字既無指代作用，當非爲「代詞」，其爲副詞，更爲確定。而一般之所以省去賓語，乃屬語文習慣，無礙理解。

「不恥相師」句中，其主語、賓語皆爲第三身，這類主賓二語皆爲第三身的例句尚有許多，茲舉數例如下：

一、宗室近幸臣……不能相敎，當皆免削。（《史記・淮南衡山列傳》）

二、關東流民飢寒疾疫，已詔吏……相振救。（《漢書・于定國傳》）

三、禹爲人廉裾，爲史以來，舍無食客，公卿相造請，禹終不行報謝。（《漢書・酷吏趙禹傳》）

四、穆居家數年，在朝諸公多有相推薦者。（《後漢書・朱穆傳》）

五、生子無以相活，率皆不舉。（《魏志・鄭渾傳》）

六、羣下見陛下顧遇既重，恐不敢苦相侵傷。（《宋書・庾炳之傳》）

最後要補充說明的，是「不恥相師」句中的「恥」字是意動性動詞，全句是「不以相師爲恥」的意思，如果把省去的賓語補出，就成爲：「巫醫、藥師、百工之人，不認爲相師他人爲羞恥。」如此一還原，全句的意義就更明白了，而「相」的副詞性則更清楚了。

附記：

「相」字不具指代作用，與前人之說迥異其趣，恐一時無法讓人完全接受。實則指「相」有指代作用，是把語法上的省略與邏輯推論混而爲一的結果，文彬當另撰一文，作較深入詳細之討論。

——摘錄自《國文天地》八十一年一月號

「朞月」是滿一月或滿一年？

問

高中補校國文第一冊第五課〈靈丘丈人〉一文中有一段：「未朞月，蜂有舉族去者」在文中「朞月」之解釋爲滿一月之謂。而在《論語．子路》第十，子曰：「苟有用我者，朞月而已可也，三年有成。」文中之「朞月」朱注：謂周一歲之月也。不知何者爲是？或因用法之不同而異？（臺北讀者．溫壯龍）

答

建國中學國文教師楊鴻銘：「朞，同「期」字，當作名詞，可有下列數解：

一、一年：當作一年，又有二詞：

㈠期年：《左傳．僖公十四年》：「沙鹿崩。晉卜偃曰：期年將有大咎，幾亡。」又，《莊子．德充符》云：「不至乎期年，而寡人信之。」期年，皆作一年解。

(二)期月：

(1)《左傳．僖公八年》：「虢射曰：『期年狄必至，示之弱矣。』夏狄伐晉，報采桑之役也，復期月。」杜預注：「明期年之言驗。」期月，作一年解。

(2)《論語．子路》：「苟有用我者，期月而已可也，三年有成。」邢昺疏：「期月，周月也，謂周一年之十二月也。」又，朱熹《集注》：「朞月，謂周一歲之月也。」朞月，皆作一年解。

二、一月：《禮記．中庸》：「擇乎中庸，而不能期月守也。」朱注：「匝一月也。」作一月解。

三、一晝夜：《左傳．昭公二十三年》：「叔孫旦而立，期焉。」杜預注：「從旦至旦爲期。」即指一晝夜之意。

朞月，從來即有一月與一年之義，但以一年之解爲佳，「周一年之十二月也」、「周一歲之月也」，即指今年某月（如一月）至明年某月（一月）之謂也。

〈靈丘丈人〉文中「朞月」一詞，細繹其文意，當作「一年」解釋。

——摘錄自《國文天地》七十七年八月號

「忽視」等同「輕視」？

問 高中第五冊國文第一課〈心理建設自序〉一文，「河漢」一詞的解釋作引申有忽視他人言辭之意。請問「忽視」可否等同「輕視」？

（鳳山讀者．董喻平）

答 **建國中學國文教師楊鴻銘**：「忽」有「忽略」之意，如《尚書．周官》：「蓄疑敗謀，怠忽荒政。」《韓非子．存韓》：「願陛下幸察愚臣之計，毋忽。」「輕」有「鄙視」之意，如《史記．孔子世家》：「益輕季氏。」曹丕《典論．論文》：「文人相輕，自古而然。」以「忽」與「輕」字各自組成「忽視」與「輕視」二詞，語意自然有別。又，從英文上看，「忽視」(ignore)與「輕視」(belittle或look down on）截然不同，也能看出兩者之間顯著的區別。

——摘錄自《國文天地》七十九年二月號

〈與元微之書〉中幾個字詞的解釋

問 高中國文課本第二冊〈與元微之書〉：「身衣口食，且免求人」，其中「身衣口食」如何解？詞性爲何？又「飛泉落於簷間」當是怎樣的景致？（高雄讀者．洪秉彝）

答 **臺灣師大國文系教授黃慶萱**：「身衣口食」，是指身上穿的衣服，嘴裡吃的食物。在文法上，是一種「詞語結構」，由「身衣」、「口食」兩個「詞語結構」並列聯合而成，叫做「並列結構」。「身衣」，由領屬性附加語「身」爲從，端語（或稱中心語）「衣」爲主，組合而成，叫做「主從結構」。「身」、「衣」都是名詞。「口食」也一樣，是一個「主從結構」：「口」作領屬性附加語，是從；「食」作端語，爲主。「口」、「食」也都是名詞。「飛泉落於簷間」，白居易另有〈廬山草堂記〉一文，敍其景致甚詳，茲摘錄如下：

又有飛泉，植茗就以烹燀，好事者見，可以永日。堂東有瀑布，水懸三尺，瀉階隅，落石渠，昏曉如練色，夜中如環珮琴筑築聲。堂西倚北崖右趾，以剖竹架空，引崖上泉，脈分線懸，自簷注砌，纍纍如貫珠，霏微如雨露，滴瀝飄灑，隨風遠去。

說明了白居易是以剖竹架空，引來瀑布的水，自簷間灑落到石階的。

——摘錄自《國文天地》七十九年十月號

字詞語音

問

高中國文第二冊〈與元微之書〉白居易於末段言：「平生故人，去我萬里，瞥然塵念，此際暫生。」其中「塵念」係指何種念頭？（讀者・再興中學教師潘美珠）

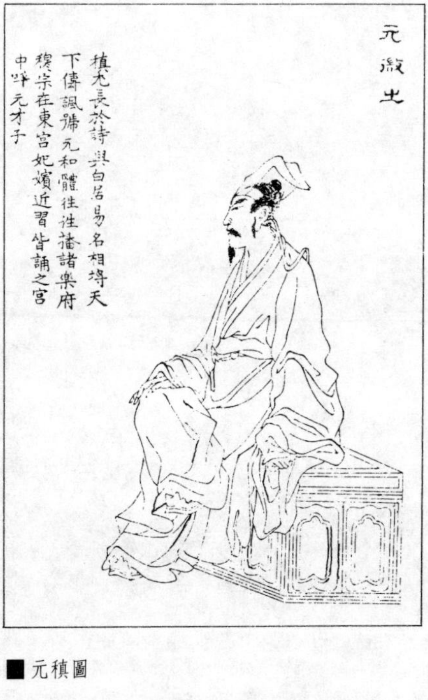

■元稹圖

答

臺北師院語教系主任古國順：「塵」字有世俗之義，「塵念」就是世俗之念。親情、友情都是世俗之念。信上說：「平生故人，去我萬里」，所以緊接著說的塵念，應該是指對故人之思。王維有詩云：「一興微塵念，橫有朝露身。」（〈與故居士皆病寄此詩兼示學人〉）也用「塵念」一詞。

——摘錄自《國文天地》八十年十二月號

「卡拉ＯＫ」一詞的由來

問 某回，我爲了一則新聞標題：「卡拉ＯＫ打羣架，渾水摸魚偸財物」，和朋友分成兩邊爭得面紅耳赤。一邊認爲卡拉ＯＫ是商店而非人物，怎能打羣架，顯然有語病；另一邊則持相反意見：「卡拉ＯＫ」、「打羣架」應分開，是屬於「四三」句型，已經把「在」字隱藏起來，表示有人在卡拉ＯＫ打羣架，毫無疑義。到底哪一邊的看法正確？（讀者・鄞輝燦）

答 **淡江大學中文系教授傅錫壬**：目前本省報章雜誌或廣告招牌上使用的「卡拉ＯＫ」一詞，係外來語之複合詞，來自日本。「卡拉」日文作「かろ」是「空」的意思。而「ＯＫ」係日文「オーケストう」之簡稱。即英文「Orchestra」，意爲管弦樂、管弦樂團。

日人將外來語「Orchestra」加上本國語「かろ」，意謂：不必有人演奏的管弦樂團。用來代稱現今我們在樂器行或餐廳所看到的那一個音樂箱。（因爲它就是個不必有人演奏的管弦樂團。）後來本省把它簡寫成「卡拉OK」。

「卡拉OK」是一種很方便的伴唱機，很受喜愛音樂的年輕人歡迎，於是本省各餐廳、酒廊爭相購置，成爲招徠顧客的首要設備。從此凡有「卡拉OK」的餐廳、酒廊，記者先生常簡稱爲「卡拉OK」。

在「卡拉OK」的餐廳中，年輕朋友（間或也有中、老年人）往往喜歡點唱或自己登臺表演，但歌藝各有不同，於是讚美之聲或噓聲四起，年輕人又血氣方剛，一言不合，大打出手。記者先生遂發布新聞曰：「卡拉OK打羣架」。此句型就語法現象分析，「卡拉OK」僅可作補詞用。若前加「於」、「在」則爲處所補詞：加「以」、「用」，則爲憑藉補詞，加「以」、「因」則又可爲原因補詞。記者使用時意義隱晦，若以常情判斷，當作處所補詞爲宜，故爲「在卡拉ＯＫ打羣架」。

——摘錄自《國文天地》七十六年二月號

從「吹牛」談到臺語的「朘」字

問 鄉土文學作品中，偶見「畫虎朘」俚語一詞，老虎有朘嗎？國音怎麼讀？（臺中讀者・翁資順）

答 **嘉義女高圖書館主任高明誠**：臺語的同義異詞的俗語中，當以「吹牛」爲最多。統計一下，有膨風、膨風龜、膨風水蛙、臭彈、亂蓋、噴雞歸（雞歸即雞之嗉囊，嗉囊狀似橡皮泡泡，故臺語稱橡皮泡泡爲雞歸。噴雞歸即吹橡皮泡泡，以喻吹牛）、說大話、黑白講、畫山水、畫虎朘……等。

其中「畫虎朘」一詞，《說文》：「朘，赤子陰也」，臺音爛，公虎生殖器，國語無字。「朘」字不讀作爛。《形音義綜合大字典》

記載：

一、租隈切，音ㄗㄨㄟ，赤字陰曰朘。如《老子》：「未知牝牡之合而朘作，精之至也」，按王弼本作「全」。《釋文》：「全，河上本作峻，一作朘」。獸畜之陰亦曰朘，如《鹽鐵論》：「楊豚韭卵、狗膠馬朘，煎魚切肝，羊淹雞寒」，

二、足宣切，音ㄐㄩㄢ，縮，萎縮，如《漢書．董仲舒傳》：「民日削月朘」。

「畫虎朘」的「朘」字，臺語不應讀作「爛」，該讀如「錐」，也就是「雞母朘」的「朘」（即雞屁股和生殖管）。因為禽類的消化管、輸尿管相合於泄殖腔，然後由泄殖孔（尾朘）排泄出去。那麼「畫虎爛」的「爛」字，該有異於禽類的生殖器（朘）吧！也許有人要問方言中有音無字如「爛」字該怎麼寫呢？臺語字典有此一字：「届，从𡳞从舛。音ㄌㄢˋ，男子陽物。」

卵生禽類的生殖器官叫「朘ㄗㄨㄟ」，胎生雄性動物的生殖器才叫做「𡳞」（方音ㄌㄢˇ，下去聲；國語無音）。公虎生殖器是否

可說是「虎胺」，如其正名，以俟高明。

——摘錄自《國文天地》七十八年八月號

「嬉笑」？「嘻笑」？

問 國小《健康教育》第一冊，有：「拿刀剪時要避免跑跳，嬉笑，玩耍……」的句子，請問「嬉笑」的「嬉」字是否正確？是否該用「嘻笑」？或是應該改用「嬉戲」？（淸水讀者・王豐瑞）

答 **政治大學中文系教授李振興：** 嬉、嘻二字，都是从喜得聲的形聲字。喜爲會意字，从壴（ㄓㄨˇ）从口。《說文》：「喜，樂也。」即快樂之意。既然嬉、嘻二字均从喜得聲，當然也有喜悅、快樂的意思（《說文》無嬉、嘻二字）。不過語文的變化與用法，往往隨著時代、地區、或使用人的觀點而有所不同，嘻、嬉，就是一個很好的例子：

嘻，多用作「笑聲、歡笑」解。由於內心的喜悅或與朋友聊天，談到高興的時候，往往會不自覺地發出笑聲。因此，「嘻笑」就是歡笑，由愉悅、高興而發出的笑聲。

嬉，多用作「遊戲、玩耍」解。多由於外在的某種動作、觀察而所得到的愉悅。因此，「嬉笑」應分開解釋，即「遊戲與開玩笑」之意。如黃庭堅〈東坡先生眞贊〉：「嬉笑怒罵，皆成文章。」就是這種用法。

——摘錄自《國文天地》七十八年四月號

「ㄎㄠˋ ㄅㄟ」的來源和寫法

問

請問閩南語中有一句「ㄎㄠˋ ㄅㄟ」（音譯），據說這語詞在古書中就有，且音義原是很文雅的，但我一直找不到出處，可否請教貴刊，這句話的來源如何？又應該怎麼寫？可以查那些資料？謝謝。

（虎尾讀者·江振東）

答

中央研究院史語所助理研究員洪惟仁：臺語「哭父」（Khau^{3}pe^{7}）一詞是一句罵人的話，其同義詞有「哭枵」（Khau^{3}iau^{1}），當對方吵亂不休時都可以這麼說。「哭枵」即哭著肚子餓的意思。「哭父」是父死哭喪的意思，因此可見「哭父」比「哭枵」的詞色重得多，就是說前者比後者難聽。

解惑篇

臺語哭義本有二詞，一是「哭」（$Khau^3$）、一是「哮」（hau^2或作吼）。過去只有父母死亡哭喪才叫「哭」，因痛苦而哭泣叫「哮」，現在臺灣「哭」與「哮」已經不分，甚至「哮」有漸沒落的趨勢，有些年輕人已不會說「哮」，但在閩南、南洋大部分地區仍有分別，「哭」是很難聽的、很嚴重的話，不能隨便亂說。

由此可以瞭解「哭父」一詞，不論從字面上的意義或使用上的語意，都是非常難聽刺耳的話。至於「哭枵」的哭也是難聽的話，肚子餓可以說「哼」（$haiN^1$），如「哼腹肚枵」，若說「哭枵」就變成罵人的話了。

——摘錄自《國文天地》八十年四月號

某人「接掌」××機關？

問

當某機關首長交接時，報章雜誌常寫著：「某人接掌××機關」，但有的卻寫著：「某人接長××機關」，「接掌」與「接長」兩個詞彙在這個時候使用，到底哪一個正確？（屏東讀者．鄭千惠）

答

臺灣師大國文系教授黃慶萱：以「機關」來說，用「接長」較妥，用「接掌」亦可。「長」有領導之意，對象是機關、團體，如「某人接長教育部」。「掌」爲掌管，對象爲事務，如「某人接掌訓導工作」。不過，「掌」也有「主持」的意思，所以說：「某人接掌教育部」，也無不可。尤其民主時代，「長」帶有「官」味，因而在傳播媒介上「接掌」有取代「接長」的趨勢。至於「工作」每由

「機關團體」負責，如訓導工作由訓導處負責。因此出任訓導主任的人，也可以說「接長訓導處」或「接長訓導工作」；但是擔任訓導員的人，只能說：「某人擔任訓導員、接掌訓導工作」，就不能說「接長」了。

——摘錄自《國文天地》八十年五月號

「作賤」、「作踐」何者爲是？

問 「作賤」一詞在大陸書籍上都作「作踐」，究竟何者正確？（臺北讀者・李南飛）

答 **臺灣師大國文系教授賴明德**：《說文解字》云：「踐，履也。」即以足履地。「作踐」意指糟蹋或浪費。如唐李義山《雜纂・上必富》云：「物料不作踐」，蘇軾〈申三省起請開湖六條狀〉云：「及土役既畢，房廊邸店，作踐狼籍。」「作踐」也作「作蹋」。《大雲山房雜記》云：「作蹋猶作踐、作籍耳。」《南唐近事》云：「張崇帥盧州，索錢無厭，嘗因宴會，一伶人假爲死者，被遣作水族，冥司判云：『焦湖千里，一任作獺。』按：以獺、蹋音近取義。」又寫作

「作撻」，如楊廷秀詩云：「懊惱遊人作撻春。」故「作踐」意指糟蹋，有明知故犯的意味在，如云：錯誤既已造成，就應當設法補救，不應作踐自己。古籍中未見「作賤」一詞，今人寫爲「作賤」，當係「賤」與「踐」音同形近之誤。

——摘錄自《國文天地》八十一年三月號

「防治」與「防制」如何分辨？

問 在報紙上常看到「愛滋病防治」、「防制污染」等詞，而據我瞭解，「防治」是預防與治療、「防制」是預防與控制的意思，但兩者實在很難分辨，到底有何區別或兩者通用？（臺北讀者・楊禮義）

答 **臺灣師大國文系教授賴明德**：「防治」和「防制」都是近代所產生的詞語。「防治」是指防範和醫治，即 Prevention and treatment (of diseases)，所敍及的對象，著重在人或動植物的疾病，如：「他正在從事愛滋病的防治工作」或「要妥善防治農作物的病蟲害」。「防制」是指防範和控制，即 Prevention and control (of damage or harm）所敍及的對象，著重在事物的弊害，如：「選舉時應當防制賄選行爲的發生」或「如何進行菸害的防制計畫」，「防治疾病」不得寫作「防制疾病」，「防制作弊」不得寫作「防治作弊」。所以「防治」和「防制」，二者之間，其意義和用法當有明顯的分際，不能隨便混用。

——摘錄自《國文天地》八十一年四月號

「唧唧」是嘆息聲嗎？

問

國中國文第四冊有〈木蘭詩〉一課，後面「唧唧」解釋說是「嘆息」之意，我的孩子的老師在上完這課後，班上同學曾向老師開了一個玩笑：「功課壓力太重了，讓我們一起嘆氣——唧！」但「唧」是一個入聲字，從沒有人像蟲鳴一樣嘆氣的。請解答這個問題。（《國文天地》第五期〈詩詞吟唱新趨向〉一文說「唧唧」是機杼聲，似較通）（讀者・王學品）

答

政治大學中文系教授董金裕：「唧唧」一詞是「狀聲詞」，在〈木蘭詩〉中，如以：「唧唧復唧唧，木蘭當戶織。」的句意來看，應該解作「機杼聲」；但如以「不聞機杼聲，惟聞女嘆息。」的句意來看，也可解爲「嘆息聲」。由於舊版國中國文教科書選有〈木蘭

解惑篇

詩〉一課（原置第三册），在注釋中將「唧唧」解作「嘆息聲」，並且在〈教師手册〉中說明爲何要採用這一解釋的理由。所以，編注新編國中國文教科書時（現置第四册），考慮到原先的解釋通行已有多年，因此在試用本中，仍然採用「嘆息聲」的解釋。但根據多位教師、家長的反應，都認爲解作「機杼聲」較妥，經編者仔細斟酌，已於修訂本中，接納衆議，改解爲「機杼聲」（正在排印中）。但必須附帶說明的是：如解作「嘆息聲」，仍然可通。王先生來信中提到：「老師上完這課時，班上同學向老師開了一個玩笑：『功課壓力太重了，讓我們一起嘆氣——唧！』『唧』是一個入聲字，從沒有人像蟲鳴一樣嘆氣的。」對學生的這種錯誤認識，有必要加以導正，因爲「狀聲詞」固然有跟實際的聲音完全吻合的，但並不一定都跟實際的聲音完全吻合，所以固然沒有人的嘆息聲是「唧唧」，但機杼聲也並非是「唧唧」呀（其他如雨聲並非與「淅瀝」、風聲並非與「蕭蕭」完全一致，例子很多，不一一列擧）！

——摘錄自《國文天地》七十六年二月號

關於「躊躇」及「容與」的字義

問

古文中有所謂同音（音近）通假的普遍現象，諸如「躊躇」一詞，亦可代換為踟躕、躑躅、首鼠……等詞語而意義不變，又如猶豫、游移、猶與（按《禮記．曲禮上》：「所以使民決嫌疑、定猶與也」，陸德明：別本或作猶豫）、猶疑……等語意俱可通。新近，筆者觀江文通〈別賦〉一文中有：「舟凝滯於水濱，車逶遲於山側，櫂容與而詎前，馬寒鳴而不息……」之句，其間「容與」一詞，和前述之猶豫、猶疑……等詞，是否有通假之關係（按句意似說得通）？

又，觀《楚辭》中凡出現「容與」一詞者，歷來注者皆述為「舒緩貌」，又依此，則容與及游移二者之間似有區別，若其為然，若其不然，煩請能證之以「聲韻」學上之考訂——即討論容與、猶豫之上古音系上的音韻關係能否作為通假之可能。

按：並附筆者目前隨手所得之有關「容與」之句：

一、《楚辭・離騷十一》：「忽吾行此流沙兮，遵赤水而容與。」

二、《楚辭・九歌》：「旹不可兮再得，聊逍遙兮容與。」

三、《楚辭・湘夫人》：「時不可兮驟得，聊逍遙兮容與。」

四、曹孟德〈於玄武陵作〉：「忘憂共容與，暢此千秋情。」

又筆者觀齊佩瑢先生之《訓詁學概論》（華正書局出版，民國七十九年九月版）頁十七，言及：「于為云，猶語為云，迂為永，豫為容（容與），裕為容……」，俱為音轉相通之字例。附此，以供參酌。（臺北讀者・慕音）

答

臺灣師大國文系教授陳新雄：古人音在字先，造字赴音，故同一語根，自可滋生多字。慕音先生所提到的「躊躇」一詞，不僅有「踟躕」、「躑躅」等寫法，還可以寫作「跱躇」見於《說文》，「跱躇」見於《說文繫傳》；也可以寫作「蹢躅」，見於《易·姤》，「蹢躅」見於《易·姤·釋文》；又可以寫作「蹢跕」見於《禮記·三年問》，「踶躕」見於《禮記·三年問·釋文》；更可以寫成通用的「彳亍」，亦見《說文》，或較罕見的「騠⿰馬蜀」見於《易緯》。在聲韻上來講，躊（直由切）、踟（直離切）、躑（直炙切）、跱（直里切）、跱（直里切）、蹢（直炙切）、踶（池爾切）都是澄母字，根據錢大昕《十駕齋養新錄》〈舌音類隔之說不可信〉一文的說法，古無舌上音，澄母古歸定母，則這幾個字從上古到中古都是雙聲字。騠（杜奚切）正是字母。彳（丑亦切），徹紐，古歸透紐，與定紐發聲部位相同，只不過清濁的小異，在聲音上自可相通。躇（直魚切）、躕（直誅切）、躅（直錄切）、躇（宅加切）、⿰足逐（廚玉切）、躅（直錄切），也都是澄母字，⿰馬蜀（徒谷切）定母字，所以也是雙聲字。亍（中句切）知紐字，古歸端紐，端定兩紐亦發聲部位相同，在聲音上自也可相通。至於擬音，則高本漢、李方桂、董同龢、王力等雖略有小異，但都不脫端〔t-〕、透〔tʻ-〕、定〔dʻ-〕或〔d-〕的範圍，所以聲音還是相近的。至於「首鼠」一詞，則與上面所說各詞，恐怕來源有別，聲母也差得遠些。

「容與」一詞，不但如慕音先生所說，可以寫作「猶豫」、「游移」、「猶與」。還可以寫作「猶預」，見《史記・魯仲連傳》，「由豫」，見《易・豫》，「夷猶」，見《楚辭・湘君》，「夷由」，見《後漢書・馬融傳》，「冘豫」，見《後漢書・竇武傳》。容（餘封切）、猶（以周切）、游（以周切）、由（以周切）、夷（以脂切）、冘（餘針切）；與（余呂切）、豫（羊洳切）、移（弋支切）、預（羊洳切）。無論上字或下字，都是喻母字，古代都是雙聲字。喻母字的擬音，有人認爲是〔d-〕，有人認爲是〔r-〕，但都不出舌尖音的範圍，聲音上也還相近，可以相通的。至於「猶疑」一詞，意雖相近，但疑（語其切）屬疑母，爲舌根鼻音〔ŋ-〕，與舌尖音相去較遠，恐怕不能算作與以上各詞同源了。

——摘錄自《國文天地》八十年三月號

蘇詩中的「蔬筍氣」如何解？

問 蘇軾有〈贈惠通詩〉云：「語帶煙霞從古少，氣含蔬筍到公無。」請詳解。（臺南讀者．黃瓊瑤）

答 空中大學人文系講師簡恩定：所提的詩句乃出自東坡〈贈詩僧道通〉詩，來函誤書「道通」為「惠通」。原詩為：「雄豪而妙苦而腴，祇有琴聰與蜜殊。語帶煙霞從古少，氣含蔬筍到公無。香林乍喜聞薝蔔，古井惟嘶斷轆轤。為報韓公莫輕許，從今島可是詩奴。」道通是個善於作詩的僧人，因此東坡此首詩即在讚揚道通的詩才。次句的「琴聰」、「蜜殊」據東坡自注乃錢塘僧人思聰與安州僧人仲殊，思聰善鼓琴，後學詩似皎然而雄放，故東坡謂為「琴聰」。仲殊詩才敏捷而工紗絕人，喜食蜜，故東坡謂爲「蜜殊」。舉此二人以比況道通。瞭解這二句的意思後，便可解釋「語帶煙霞從古少，氣含蔬筍到公無。」二句之意了。

「語帶煙霞」一語，乃翻用李白〈上安州裴長史書〉文中語，在此篇文章中，李白敍述別人讚賞他的文章說：「諸人之文，猶山無煙霞，春無草樹；李白之文，淸雄奔放，名章俊語，絡繹間起，光明洞澈，句句動人。」大意是說別人的文章好像沒有煙霞環繞的山一般，少了幾分朦朧、壯美的氣勢；又好像沒有草、樹生長的春日一般，了無生氣。至於李白的文章則淸雄奔放，句句動人。蘇軾翻用成了「語帶煙霞從古少」，意思是說作詩造語要達到有如煙霞環繞的山景一樣的朦朧、壯美境界，自古以來就非常少見，而道通的詩正有這種特色。

下句的「氣含蔬筍到公無」，據蘇軾的自注說：「謂無酸餡氣也」。欲瞭解這個意義形成之因，須先解釋什麼叫「蔬筍氣」。僧侶由於長期素食，所以後人形容他們所作的書畫文沒有塵俗之氣叫

「蔬筍氣」，也稱「蔬茹氣」，但是後來也被引用成譏笑讀書人的寒酸氣。東坡怕後人誤會本句之意，故特別加以注解。句中「公」指的是道通，整句詩的大意是在誇獎道通的詩作沒有寒酸之氣。

綜合這二句詩來看，東坡是在推讚道通的詩「語帶煙霞」，十分難得，而且又沒有寒酸之氣。

——摘錄自《國文天地》七十八年元月號

問

蘇軾〈贈詩僧道通詩〉：「語帶煙霞從古少，氣含蔬筍到公無」，「蔬筍氣」作何解釋？何以《辭海》中「蔬茹氣」亦作「蔬筍氣？」

（金門讀者．董春聲）

答

臺灣大學中文系教授王保珍：一、「蔬筍氣」作何解釋？《辭海》中蔬筍氣條，首引方岳詩：「有蔬筍氣詩愈好，無綺羅人山更幽。」又引蘇軾〈贈僧道通詩〉：「氣含蔬筍到公無。」結論說：僧人茹素，故云。猶如笑儒生之有寒酸氣也，亦作蔬茹氣。再引《東觀餘

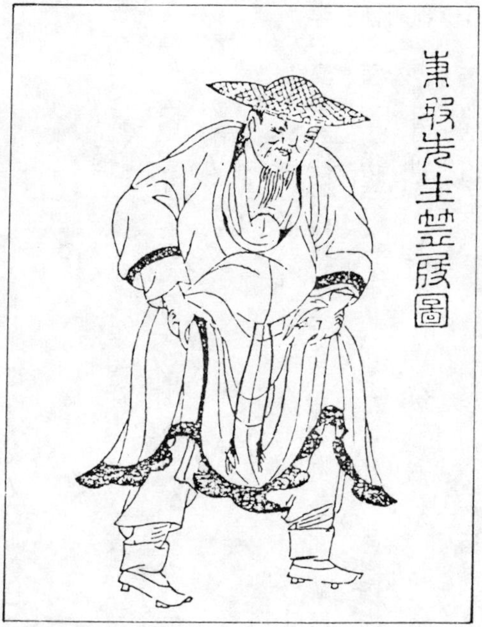

■蘇軾像

論》：「僧書多蔬茹氣，古今一也。」簡而言之：「蔬筍氣」，就是說吃素的人特有的氣息，或者氣質，乃至氣格都可以。僧人，一般出家人，照規定都吃素食。而蔬菜中筍子佔的比例相當不少（據我個人在寺廟中吃素食的經驗而言），吃多了蔬菜筍子之類，自然就帶有蔬筍氣了。這當然是就字面淺顯來說。若往深求，這裡只取

「蔬筍」爲代表，其實這「蔬筍」之意應該是涵蓋了僧人整套的與常人（俗人）不同的生活而言。就像說我們教書人都帶有教書人的味道一樣。

二、何以蔬筍氣亦作蔬茹氣？「茹」字作動詞用是吃的意思；當名詞用是蔬菜之總稱。僧人茹素，他們寫的詩，甚至作書繪畫，多半具有出家人的本色（特有的氣息），故稱之蔬茹氣。因蔬茹氣與蔬筍氣涵義相同，所以可說蔬筍氣亦作蔬茹氣；反之亦可。《辭海》中引方岳詩：「有蔬筍氣詩愈好」，其中以「蔬筍氣」是脫俗的好氣質。而蘇軾〈贈僧道通詩〉：「氣含蔬筍到公無」句中，是以「蔬筍氣」是不好的氣質。我們常見的蘇詩注本，如：《蘇文忠公詩編註集成》及《蘇軾詩集》，有關這句詩的注解都嫌簡略，意思不夠明澈。《增補足本施顧註蘇詩》卷三十九這句注云：「東坡云：無酸餡氣也。」葉少蘊《石林詩話》：「近世僧學詩者極多，皆無超然自得之氣，往返拾綴模倣士人所棄，又自作一種體，格律尤凡俗，世人謂之酸餡氣。子瞻作〈道通詩〉，因語人曰：『頗解蔬筍語否？

爲無酸餡氣也。』聞者皆笑。」看了以上的注解，可以明白蔬筍氣，蘇軾認爲是不好的酸餡氣，所以要「無」（沒有）才好。

——摘錄自《國文天地》八十一年三月號

何謂「塗之人」、「夜縋」、「爬灰」？

問

一、《荀子》：「塗之人可以爲堯」，「塗之人」作何解釋？

二、《左傳．燭之武退秦師》：許之，「夜縋」而出，爲何燭之武不走大門卻要用繩懸城而出？如何用繩懸城而出？

三、《紅樓夢》第七回：「爬灰的爬灰，養小叔子的養小叔子」，「爬灰」作何解？（讀者．吳坤宗）

答

臺灣師大國文系教授莊萬壽：一、「塗之人」，路人，指普通的人。荀子在〈性惡篇〉以爲任何人只要積累「仁義法正」，就可以成爲聖人。

二、城門是攻城的主要目標，通常城堡在敵軍威脅下，爲防浸透，而不開城門；在圍城時，更不敢開。《左傳》稱：「晉軍函陵，秦軍氾南（氾水之南）」兩地很近，都在鄭城北方約數公里（杜注稱十三里），可能重兵尚未臨城下，函陵是高地，應可以監視鄭城，燭之武不走大門，一是爲安全，二是因進行單線的祕密外交，怕晉軍知道，尤其利用夜晚，安全性、隱密性更高。從城牆上把人用繩子綁牢，再由他人拉著懸吊下去，簡單的是繩子一端固定在女牆上，然後手腳夾抱滑下來。古時被圍者，對圍軍逆襲，常用此法。至於燭之武可能與秦國有特殊的關係，所以順利的進入秦營中，見到秦穆公。

三、爬灰，指玷汚媳婦。「汚媳」，諧聲爲「汚膝」，即人在灰上爬，膝蓋會弄髒。《紅樓夢》中指賈珍與媳婦秦可卿私通。養小叔子則指王熙鳳私通姪兒賈蓉，而秦可卿又是賈蓉之妻，這是嚴重的亂倫行爲。

——摘錄自《國文天地》七十六年六月號

「男有分、女有歸」如何解？

問

修訂本高中國文第六冊第六頁第九行：「男有分，女有歸」，注釋：「分，音ㄈㄣˋ，職分。歸，女子出嫁。」另有一解：分，音「昏」，通「婚」，謂男婚女嫁。請問「分」字在此究竟解爲「職分」好呢？或者通「婚」好呢？（讀者：林玉琴）

答

嘉義女高圖書館主任高明誠：注釋古籍，約有兩種途徑。一種重在典實音訓，一種重在文義。〈禮運大同篇〉的「男有分，女有歸」一般注家解釋「分」字，皆著重文義，而忽略了典實音訓，古遺誤至今。

《中文大辭典》引《正字通》：「《禮記・禮運》：男有分。分，職分也」。注：「分，猶職也。」現行高中國文第六冊即採用此解。意謂：男女都有職分，都能成家而有配偶。陳列在休士頓的孔子銅像上刻有「男有分，女有歸」的英譯文爲：「Men have their respective occupations and women have their homes.」，這正犯了女權運動的大忌，終於把中華民國慶祝美國兩百週年的贈禮——孔子銅像送進倉庫。據海陶爾博士說：「我的感覺是這句話含有性別歧視。我們不應該公開陳列這類的句子。」這種「誤迻錯意」，豈能一笑置之？

固然我國古代的社會，男主外女主內，夫婦有內外之別，「分」字解爲「職分」，似乎可通。然而在此實應據典實音訓來翻譯。「男有分（婚），女有歸」，即「男婚女嫁，各得其所。內無怨女，外無曠夫」之意。古者男耕女織，各有所事，未聞發生職業（工作）問題。況且上文「壯有所用」，已論及職業問題。若解爲：「男的都有職業，女的都能出嫁」，職業與婚姻兩大問題相提並論，於理欠妥。

恩師高鴻縉教授曾云：「分」與「婚」同音通假也。在其遺著《中國字例》第六六四頁〈通假〉第四例「同音相代」謂：「完全不同之兩字而只同音者可以互代」，並從《禮記》一書中引旁證六條為例：

一、分代婚——〈禮運〉：「男有分，女有歸」；

二、施代斯——〈大學〉：「德者本也，財者末也，外本內末，爭民施奪」；

三、服代逼——〈中庸〉：「則拳拳服膺而弗失之矣」；

四、衣代殷——〈中庸〉：「壹戎衣而有天下」；

五、倍代背——〈中庸〉：「為下不倍」；

六、蚤代早——〈中庸〉：「而蚤有譽於天下者也。」

《中文大辭典》又解「分」為「半」(another half)，曾引《荀子．仲尼》：「以齊之分奉之而不足」。注：「分——半也。《說文》：「判，分也。周禮媒氏掌萬民之判」，鄭玄注：「判，半也，得耦為合，主合其半，成夫婦也」。可見「分」、「半」、

「判」三字，在從前是同一意義，也就是配偶、結合的意思。茲將原文試譯爲：「男的都能成婚，女的都能出嫁」(Men will get married in their due time, and so will women)，如此男女皆能適時成家而有配偶，豈有不平等之義，焉有性別歧視之理？

由此可見，音訓勝乎文義，「男有分，女有歸」解爲「男婚女嫁」比解爲「男的有職業，女的有丈夫」更爲恰當。

——摘錄自《國文天地》七十六年元月號

臺語的「老芋仔」是什麼意思？

問 報章雜誌常看到「老芋仔」一詞，是什麼意思，來源如何？（臺北讀者・包芋心）

答 **臺灣師大國文系副教授姚榮松**：讀者包芋心的問題，因爲沒有上下文，祇能從這個「詞」的特性來猜測，這個詞帶有閩南語特有的詞尾「仔」，讀音是 a^{53}（陰去調），相當於國音ㄚˋ，顯然是閩南方言詞。例如：豆仔（tau^{22}-a^{53}）即豆子，瓜仔（Kue^{33}-a^{53}）指一般的瓜類（至於國語「瓜子兒」，閩南語也叫「瓜子」，但讀做 $Kue^{22}tci^{53}$），茇仔（pat-a 連讀音變爲 pala，即現在通稱的「芭樂」），這些都是帶仔（a）尾的名詞，所以「芋仔」的閩南語讀做$C^{22}a^{53}$就是「芋頭」，例如「芋仔冰」即是芋頭冰。

但是在臺灣閩南話裡，「芋仔」還有另一種用法，即用來指稱「外省人」，和本省人自稱爲「蕃薯」相對。「老芋仔」就是指年紀較大的外省人。這個特定詞的產生，相信是在民國三十八年政府撤退來臺以後，幾十萬各省軍民同胞一下子湧進寶島，許多本地人爲了區別操南腔北調的這批唐山客，就借用臺灣俚諺中：「不識一個芋仔蕃薯」（意即什麼都不知道，連芋頭和蕃薯也分辨不清。）這句話中的譬喻手法，用「芋仔」指稱「外省儂」，而以「蕃薯」代表「本省儂」。這個稱謂的遍及全省，反映政府遷臺初期省籍意識的鴻溝。至於爲何本省人自稱「蕃薯」，大概是因臺灣本島的外形狀似蕃薯吧！再者，「老芋仔」一詞本來也無輕蔑之意，但久而久之，也就變了質，專指軍中老兵或退除役後在民間或機關職務較低的老外省人。當然這個詞只能在背後稱呼。目前，它已經很少使用了，甚至年輕人都不知道這個用法，這是省籍意識淡化的證明。但在少數省籍作家的作中，仍被刻意的凸顯，例如一九八六年《臺灣小說選》載林雙不〈小喇叭手〉中有下列鮮活的對話：

「——好，我問你，那個教官姓什麼？」

「姓秦，秦始皇的秦。」

「芋仔還是蕃薯？」

「什麼？」許宏義仰起頭反問父親。

「外省仔還是臺灣人？」

「外省仔。」

「老芋仔嗎？」

「看樣子大約五十多歲。」這次許宏義懂了。

原來父子兩代之間已有語言的代溝，兒子最初不懂父親使用「芋仔蕃薯」的意思，經過父親解釋，他終於弄懂了。

——摘錄自《國文天地》七十八年八月號

「拂通弼」何解？

問

《孟子．告子下》十五「入則無法家拂士」，據高中中國文化基本教材第四册之注解：「拂通弼」，這是音義通，或是義通而已？若改「拂同弼」，其意是否另有變化？（臺北讀者．潘美珠）

答

臺灣師大國文系教授許錟輝：訓詁學上稱「通」，義謂同音通用，前人或稱同音通假，或稱爲用字假借。此因古代字少，有某一義而未造其字，或雖已造字，皆可緣音同或音近的關係而借用。當假借之時，只需音相同、相近，不必義相關。《孟子．告子下》云：「入則無法家拂士」，「拂士」即輔弼之賢臣。然而《說文》云：「拂，過擊也」，此爲拂字本義，與輔弼之義無涉。復考拂，敷勿切，古聲屬幫紐，古韻在段氏第十五部，而弼，房密切，古聲屬並紐，古韻在十五部，二字古疊韻聲近，故得通用。中國文化基本教材「拂士」下注云：「拂，通弼」，即謂拂、弼音同而通用，亦即謂拂本無輔弼之義，緣音同弼而借以代弼字，如此一來，拂字才有輔弼之義。就拂字而言，輔弼只是假借義。然則，拂之通弼，最先是音同而借用，借用之後，拂字才有輔弼之義。如此說來，謂之「拂弼音

孟子像

義通」，或謂「拂、弼義通」，都有欠允當，正確的說法，應是「拂弼二字音同而後義通」。至於所謂「同」，是說二字音義全同，這是指一字之異體而言，如：「竈，同灶」。或者是轉注字，《說文》云：「然，燒也」，這是「然」字本義，後來「然」借爲語詞「雖然」、「然而」之用，才又加火旁作「燃」。然、燃二字謂之轉注，這也可稱爲「然，同燃」。至於「法家拂士」之「拂」，與「弼」，既非一字之異體，又非轉注，而係同音通假，稱爲「拂，同弼」，實有未當。

——摘錄自《國文天地》八十年三月號

「禁不起」和「經不起」如何區別？

問

「禁不起」和「經不起」如何分別？

（豐原讀者．林陳子）

答

高雄師大國文研究所副教授林慶勳：「禁不起」，禁讀陰平ㄐㄧㄣ，其字有承受、耐及勝任之勝等義。白居易〈楊柳枝詞〉有：「小樹不禁攀折苦」，陸游詩有：「紅蜻蜓弱不禁風」，蘇東坡詩亦有「餘年似酒那禁瀉」，其中「禁」字正是此義。「禁不起」一詞的出現，可能是近代漢語才有的語詞。據曲守約編《近代辭釋》（千華出版公司）所載，清末諷刺小說《官場現形記》卷三十四有：「禁不起他花言巧語、下氣柔聲，一味的苦纏。」有時也作「禁不住」，如《官場現形記》卷十七有：「禁不住單太爺涎臉相求，魏竹岡只得應允。」

至於「經不起」一詞，可能是中國語言學所謂的「異形詞」。如莫名奇妙作「莫明其妙」，信口開河作「信口開合」，陽傘作「洋傘」等，後一詞即是前一詞的異形詞。名明、河合、陽洋之間，除字形寫法不同外，讀音、意義和用法都相同，此是異形詞的條件（見金錫英撰《現代漢語異形詞初探》）。雖然有人並不承認異形詞的地位，甚至以爲它們是「錯別字」，但是從語言學的觀點，不能否認它們既存的事實。如果「經不起」是「禁不起」的異形詞，這種假設能成立的話，它們之間的讀音問題容易解釋。「經」讀ㄐㄧㄥ，與禁祇有韻尾的差異，也就是「經」讀舌根鼻音尾〔teŋ〕，「禁」讀舌尖鼻音尾〔tein〕，兩字各與「不起」連讀成詞，其間的區別極爲模糊。何況「經不起」若從字面解釋，實在難有滿意的答案。儘管「經」與「禁」不是完全同音，但是假設「經不起」乃是「禁不起」的異形詞，兩詞意義和用法都同，應該是可以成立的。

——摘錄自《國文天地》七十八年六月號

「其中」、「我人」的用法

問

今人文章中，常見「此其中」、「這其中」的用法，是否正確？是否「其中」二字即可表明？又：古今文章中，常有「我人」一詞，如此用法是否合宜？（臺北讀者．巫書樺）

答

臺灣師大國文系教授戴璉璋：「其中」的原始意義是「那中間」、「那裡面」。「其」是個代詞，有特指作用。通常漢語的代詞不接受修飾，因此「其中」上面加「此」或「這」實在有畫蛇添足的毛病。但是語言的發展畢竟不完全是依循科學規律的，「此其中」、「這其中」的出現，可能是由於「其中」成爲習慣語之後，「其」的特指作用漸漸虛化了。於是「其中」在一般人的意識裡便只有

「中間」、「裡面」的意思，於是「此」、「這」一類的特指詞又加上去了。當然這只是一種推測，這一推測不過是表示「此其中」、「這其中」如果已被使用大衆所接受，似乎不必硬性判定它不正確。

至於「我人」，一般也作「吾人」，與「我輩」、「我儕」類似。「吾人」已見於《史記》，至今仍有人沿用，不過只見於書面語言，口語已不適用。

——摘錄自《國文天地》七十九年十一月號

「碧空盡」與「碧山盡」那個對？

問

《唐詩三百首》裡，李白〈送孟浩然之廣陵〉最後一句是：「孤帆遠影碧空盡」。但最近聽一位朋友說，應該是「碧山盡」。到底哪一個才對呢？（臺北讀者．蘇芮明）

答

中興大學中文系教授黃永武：「孤帆遠影碧空盡」，作碧空的，不止是《唐詩三百首》，明嘉靖本李太白詩（指四部叢刊影印蕭山朱氏所藏明嘉靖癸卯郭雲鵬刊本），就是作「碧空」，《唐詩三百首》是依從了它的字句。由於《唐詩三百首》流行普遍，幾乎大家朗朗上口的都說「孤帆遠影碧空盡」了。

其實宋代的刻本《李太白文集》（指日本靜嘉堂文庫藏宋本，臺灣學生書局曾影印），便作「孤帆遠影碧山盡」，不但「空」作「山」字，而且在「影」字下注明「一作映」，可見宋代時整句詩有作「孤帆遠映碧山盡」的了。

且看陸放翁的〈入蜀記〉引李白詩，正作「征帆遠映碧山盡」，並且說：「帆檣映遠，山尤可觀」，可知陸游時所讀的李白詩是「征帆遠映碧山盡」，「映」字與「山」字和宋刻本十分符合。

現在我們在甘肅的敦煌石室，發現一張唐代人手抄的詩卷，其中李白詩有四十三首（今藏在巴黎，編號爲伯字第二五六七號），〈黃鶴樓送孟浩然之廣陵〉一首正在其中。這詩的第三句：「孤帆遠映綠山盡」，宋本和它相差得最少，到了明本清本，字句相差愈來愈大了。唐人的抄本年代最接近李白活動的年代，當然可信度最高。我以爲天高氣爽的「碧空」大抵適宜描寫秋季九月，而「碧山」、「綠山」才與上文春季「三月」相應，「碧」與「綠」意義相通，又同爲入聲，在聲響上也沒多大出入，原文應作「綠山」或「碧山」才對。至於「遠影」作「遠映」，細細品味，「遠影」就是指「孤帆」，孤帆才成那「遠影」，所以「孤帆遠影」四字的意思多少有些重複，原作是「遠映」，要高明一些。陸放翁所說：「帆檣映遠，山尤可觀」的詩境自然顯得更美些。有人說黃鶴樓近處並沒有山，那麼山在遠天，作「映」字比作「影」字就更好了。「孤帆遠映綠山盡」，將江上的風光時令寫得具體而鮮明，那綠山、遠帆、江流、天光，遠近有序地從眼前直寫到水天一線處，充分地表現出匠心布置的空間深度感。

——摘錄自《國文天地》七十四年七月號

「物外之趣」作何解？

問

沈復於其著作《浮生六記》卷二〈閒情記趣〉裡，敘述：「己見藐小微物，必細察其紋理，故時有物外之趣」，請問文中「物外之趣」應作何解？可否具體詳答？（臺北讀者・林奕文）

答

中興大學中文系教授胡楚生：〈閒情記趣〉之中，「物」字可作事物解，「物外」，指事物本身一般現象之外的情境，由於沈復對於事物的觀察細密，想像力豐富：「見藐小微物，必細察其紋理」，所以才往往能夠獲得事物本身以外的某些情趣，領略到一般常人所感受不到的某些快樂，如下文所指，將夏蚊擬作羣鶴之類，這就是所謂的「物外之趣」。

——摘錄自《國文天地》八十年三月號

「實式憑之」中「式」的解釋

問

〈臺灣通史序〉第四版高中國文第四冊注釋云：「式、憑，均依託之意」。修訂八版高中國文第二冊注釋云：「實在是依託於此書。式，如《詩經・式微》『式』字，用作助語詞，無義。憑，依託。之，代名詞，指《臺灣通史》。」請問新舊國文課本注釋，何者為是？

（嘉義讀者・黃玉雲）

答

嘉義女高圖書館主任高明誠：一、式：舊注作助語詞，無義。新注作「依託」解，新舊二注欠妥。實式憑之的「式」字，當虛字用，義通「以」或「用」字。《形音義綜合大字典》云：式，用。例如：《詩・小雅》：「嘉賓式燕以樂。」又：「神之聽之，式穀以女。」

託」之義。

《辭海》亦引鄭箋：「式，用也」。徧查工具書，「式」字未有「依

二、之：舊注作代名詞，指《臺灣通史》。「婆娑之洋中的美麗之島以及先王先民之景命，實在是依託於此書」。如依舊注這樣翻譯，則與〈朱一貴列傳〉的句型不吻合。連橫序文末句在日本統治下閃爍其辭，意謂：「婆娑之洋的美麗之島臺灣，實在是依託於我先王先民之景命」。因此，「之」字在此非指《臺灣通史》，乃指「先王先民之景命」。雅堂自序末句是說：臺灣的前途，實在是依託於我先王先民偉大的傳統民族精神的延續和發展，只要能繼續「發揚種性」，臺灣總有掙脫異族統治的一日。

——摘錄自《國文天地》七十八年六月號

「刑不上大夫」中「刑」字的解釋

問 「禮不下庶人，刑不上大夫」之「刑」，應作何解釋？（臺北讀者．李素眞）

答 **政治大學中文系副教授葉程義**：這句話，出自於《禮記．曲禮上》，此「刑」字，當作「刑罰」講。本句的意思是：「禮制不及於庶人，刑罰不加於大夫。」引申來說：禮制不是爲社會大衆而訂立的，所以老百姓雖有失禮之處，也不求全責備；士大夫則必須嚴守禮制，講究榮辱，更不要說去作違法的事；縱使偶有過失，爲尊重士大夫的人格，也不用刑罰施加到他的身上，而使他蒙受恥辱，所謂「士可殺不可辱」，當然他會自動知恥請罪：也就是今日所說的

「自請處分」或「引咎辭職」，坦然負起政治道德的責任。否則，恬不知恥，那就如顧炎武所說：「士大夫之無恥，是爲國恥！」（《日知錄．廉恥》卷十七，頁三八七）。

司馬遷〈報任少卿書〉說：「刑不上大夫，此言士節不可不勉勵也。」史遷爲李陵兵敗投降匈奴事辯護，遭受冤獄，身受腐刑，可說是人生莫大的恥辱。他憤慨地說：「行莫醜於辱先，詬莫大於宮刑。」政治迫害，莫此爲甚！所以，字裡行間流露出對專制獨裁君主的怨恨，憤怒之情，躍然紙上。唉！如果一個國家，對於知識分子不尊重，橫加迫害，而一味地迷信權力，所謂「槍桿底下出政權」，則國危矣！

漢禮學大師鄭康成說：「刑不上大夫，不與賢者犯法，其犯法，則在八議輕重，不在刑書。」孔穎達補充說：「五刑三千之科條，不設大夫犯罪之目。所以然者，大夫必用有德，若逆設刑，則是君不知賢也。」張逸解釋說：「謂所犯之罪，不在夏三千、周二千五百之科，不使賢者犯法也，非謂都不刑其身也。其有罪，則以八議議其輕重耳。」陳澔說：「不制大夫之刑，猶不制庶人之禮也。」《漢書》賈誼說：「刑不上大夫，所以厲寵臣之節也。遇之有禮，故羣臣自憙，嬰以廉恥，故人矜節行。」（清孫希旦《禮記集解・曲禮上》卷四，頁七十四）。

以上各家之說，非常簡明。關於這一問題，孔子的弟子冉有，也有此惑，故曾經請教老師孔子，師生的對答，見之於王肅注的《孔子家語》，同時也見於明邱濬的《大學衍義補・愼刑憲・議當原之辟》引《大戴禮》說，可參看。

——摘錄自《國文天地》七十九年元月號

「慈烏復慈烏」中的「復」如何解？

問 國中國文第三冊第五課白居易的〈慈烏夜啼〉詩中「慈烏復慈烏」的「復」字，作何解釋較爲妥當？（六龜讀者．鄭水圳）

答 **臺灣師大國文系教授賴明德**：這種句型在古體詩中常見。如古詩十九首中的〈行行重行行〉即頗爲類似。不過句中的「重」字是副詞，意思是「再」或「又」，其作用在修飾「行行」，加強其意思而已。北朝無名氏所作的〈木蘭辭〉開頭說：「唧唧復唧唧，木蘭當戶織。」清朝錢鶴灘所作的〈明日歌〉開頭說：「明日復明日，明日何其多！」這和「慈烏復慈烏」的句型可以說完全相同。不過，前二句中的「復」是形容詞「又」的意思。「唧唧復唧唧」是形容織布

■白居易像

機的聲音一陣又一陣地響個不停。「明日復明日」是形容日子的來臨，明日過後又有明日。「慈烏復慈烏」的「復」字作「又」解固無不可，不過，它的意思是强調對慈烏的一再喊叫，卻不是指一隻又一隻或一羣又一羣的慈烏。

因此，這一個「復」字，意思著重在加强語氣而已，無法找到最恰當的譯詞。坊間的詩詞解析大多譯作：「慈烏呀慈烏」，作感嘆詞解；但是，「復」字在經傳及詩詞上從未有解作感嘆詞的，所以那種譯詞仍嫌不恰當。

——摘錄自《國文天地》七十六年四月號

「涇以渭濁」當作何解？

問 《詩經・邶風・谷風》：「涇以渭濁，湜湜其沚。」《傳》曰：「涇渭相入而清濁異。」請問「涇以渭濁」當解作：「涇水因入渭水而變得混濁」還是「涇水因入渭水而見其混濁」？（臺北讀者・游適宏）

答 **臺北師院語教系教授黃永武**：關於涇渭清濁的問題，我在《中國詩學・思想篇》中，已說得很明白，第二七六頁：

《毛傳》說：「涇渭相入而清濁異」，依據文句常例，

「涇渭」上涇下渭，又「清濁」上清下濁，已說明涇清渭濁，鄭玄申明毛義，說「涇水以有渭故見渭濁，喻君子得新昏謂已惡」，也說涇清渭濁甚明。自《漢書．溝洫志》謂「涇水一石，其泥數斗」，潘岳作〈西征賦〉，誤爲清渭濁涇，至《經典釋文》遂有涇濁渭清的說法，朱熹注也謂涇濁渭清，幾成定說。考龍起濤《毛詩補正》及竹添光鴻《毛詩會箋》，均載清乾隆帝曾命陝西巡撫秦承恩親履二水繪圖測實，測得涇水係石子底，渭水是沙底；涇水僅春夏間偶有渾濁，渭水則四時渾濁；涇水一石，澄滓三升，渭水一石，澄滓斗許，合流以後，涇水在北，渭水在南，涇清渭濁，一望可辨，據此勘查，則《毛傳》正確，自無可疑。」

渭濁誤爲「清渭」，連杜甫詩裡都弄錯，幸有乾隆皇帝的實證精神，把涇清渭濁作了徹底的證明，這問題早就解決了。

解惑篇

——摘錄自《國文天地》七十九年二月號

「我獨何害」中「何」的解釋

問 第五册第十五課〈蓼莪〉：「我獨何害」，課本解爲：「我獨何爲遭此害也」，而在東大本裡解爲：「獨我蒙受此害。何，音ㄏㄜˋ，通『荷』，負荷，引申爲蒙受」。請問「何」字當如東大本所言之音義嗎？抑或有他解？（臺南讀者．黃瓊瑤）

答 **臺灣師大國文系教授陳滿銘**：高中國文課本第五册第十五課〈蓼莪〉中的「我獨何害」一句，課本解作：「我獨何爲遭此害也」，依據的是朱熹《詩集傳》的說法，且一字未改。這個說法，在訓詁上似犯了隨意「增字爲訓」的毛病，因爲從字面來看，只能說：「我獨何爲害也」，而不能憑空加入「遭」的意思在裡面，這就和把《大學》

解作「大人之學」一樣，是不十分妥當的。而東大高職本解爲「獨我蒙受此害。何，音ㄏㄜˋ，通荷，負荷，引申爲蒙受」，則參考的是高亨《詩經今注》：「何，通荷，蒙受」的說法。其實「何」字，照《說文》：「何，儋（擔）也」的解釋看來，本義就是「負荷」，所以段玉裁注說：「何，俗作荷。……胡可切」，所以「我獨何害」的「何」，讀作ㄏㄜˋ，解爲「蒙受」，是比較正確的。

——摘錄自《國文天地》八十一年三月號

「昊天罔極」中「罔極」該採何種解釋較宜？

問

《詩經．小雅．蓼莪》：「欲報之德，昊天罔極」，「罔極」兩字，有人解釋爲恩德如天般的無窮無盡，有人解作：「極，中也」謂無中正之行，相當於白話的無良或缺德，究竟何者爲確定。（高雄讀者．周宏松）

答

臺灣師大國文系副教授文幸福：「罔極」一詞在《詩經》中共出現七次，〈衞風．氓〉：「士也罔極」，〈魏風．園有桃〉：「謂我士罔極」，〈小雅．何人斯〉：「視人罔極」，〈蓼莪〉：「昊天罔極」，〈青蠅〉：「讒人罔極」，〈大雅．民勞〉：「以謹罔極」，〈桑柔〉：「民之罔極」，其中〈氓〉、〈園有桃〉二篇，《毛傳》都說：「極，中也。」「罔極」即是失其中正之心，心失其中，自然就不能專一其德。其他各篇毛公都沒說，當是比照這解說吧！王引之《經義述聞》則謂：「言我方欲報是德，而昊天罔極，降此鞠凶，使我不得終養也。昊天罔極，猶言昊天不傭，昊天不惠，朱子所謂『無所歸咎而歸之天也。』」與毛公意同，所引朱子說當是其前期詩解文字。屈萬里先生謂《詩經》中凡言「罔極」的都是「無良」之義，「昊天罔極」爲斥天之語，謂老天無良，奪其父母而去。（詳見所著《詩經釋義》〈氓〉、〈蓼莪〉這是由毛公、王引之等的解釋演進而成的，也是晚近最通行的一種說法。

另外鄭《箋》在〈青蠅〉篇說：「極，猶已也。」「罔極」便是無窮之意。宋嚴粲《詩緝》即據此謂：「罔極爲無窮之意，善惡皆可言之：〈園有桃〉：『謂我士也罔極』，爲志念無窮極。〈蓼莪〉：『昊天罔極』，爲父母之德無窮極。〈青蠅〉：『讒人罔極』，〈桑柔〉：『民之罔極』，與此篇〈氓〉：『士也罔極』，皆爲反覆無極。」《朱熹詩集傳》，《御纂詩義折中》及明清大部分學者，在〈蓼莪〉篇中都採用此種解釋。

又〈民〉詩「罔極」的解釋，往往由「無窮」引申為「不可測知」（《詩緝》引曹氏說）、「極，定也。」即道德無準則之義，略同於無良，近來大陸學者如陳子展、金啓華、余冠英、郭沫若等都採用此說，但都不用來解釋〈蓼莪篇〉。

因此，〈蓼莪〉詩的「罔極」實則只有「無良」與「無窮」二種解釋，但卻也很難判斷誰是誰非，因為據他們的解釋，都還能自圓其說。不過，屈先生的說法，是遠承《毛傳》的，而且又據近人王國維《詩書成語》的概念孕發歸結出來的，所以較為圓通，也易為人接受。

——摘錄自《國文天地》七十七年七月號

「便當」的解釋

問 第二冊第六課〈早起〉一文中梁實秋先生言：「……還有無數的青年男女穿著熨平的布衣，精神抖擻的攜帶著『便當』騎著腳踏車去上班」，請問其中「便當」二字何以要加上引號？（臺南讀者・黃瓊瑤）

答 **臺灣師大國文系教授陳滿銘**：高中國文課本第二冊第六課〈早起〉一文中，作者梁實秋說：「精神抖擻的攜帶著『便當』，騎著腳踏車去上班」，他在「便當」二字上特用引號，是因爲「便當」一詞，本作方便、便利解，如《通俗編・境遇》說：「實於公私，兩不便當」，就是個例子。而特用以指一種隨身攜帶的飯盒，則屬外來語，剛由日本傳入未久，所以作者便加上引號，以資區別。如果是現在，由於習用已久，那就不必繁加引號了。

——摘錄自《國文天地》八十一年三月號

〈稼說送張琥〉文中「不幸」宜作何解？

問

高中國文第三冊〈稼說送張琥〉的「不幸而早得與吾子同年」的「不幸」，宜作何解？「吾子其去此而務學也哉」的「其去此」，宜作何解？（臺中讀者・黃麗芳）

答

中興大學中文系教授胡楚生：不幸，即作通常「不幸運」解，韓愈〈答劉正夫書〉云：「而愈不幸，獨有接後輩名，名之所存，謗之所歸也。」蘇軾此文所謂「不幸」，義與韓愈該文用法相同，宋仁宗嘉祐二年，蘇軾與張琥同登進士第，時蘇軾二十二歲，張琥年未弱冠，蘇軾自以早登科第，暴得大名，不易更求進益，故以此為懼，以此為「不幸」，故蘇軾自謂：「吾少也有志於學，不幸而早得與吾子同年」，自謂：「吾今雖欲自以爲不足，而衆且妄推之矣」，所以，他用稼穡爲喻，以勸張琥，宜去此虛名，而求實學，希望張琥：「博觀而約取，厚積而薄發」，而勿爲世俗之虛聲所累也。

至於：「吾子其去此而務學也哉」，此「其」字，王引之《經傳釋詞》云：「其，猶尙也，庶幾也。」裴學海《古書虛字集釋》云：「其，爲期望之詞。」因此，「其去此」，可解爲：「希望你（張琥）能拋棄這種世俗的虛名」。

——摘錄自《國文天地》七十七年四月號

問

蘇軾〈稼說送張琥〉中的「不幸而早得與吾子同年」，蘇軾與張琥同年登進士應是互許幸運才對，怎麼說是「不幸」呢？（豐原讀者．林陳子）

答

臺灣大學中文系講師王基倫：蘇軾〈稼說送張琥〉一文，完稿於仁宗嘉祐六年至英宗治平元年間（西元一〇六一～一〇六四年），時年二十六～二十九。（據彭珊珊《蘇東坡散文研究》，東吳中文所七十四年碩士論文，頁十八）。

此時，蘇軾已登進士第，受歐陽修延譽賞識，文章擅天下。《宋史．蘇軾列傳》說他：

> 弱冠，父子兄弟至京師，一日而聲名赫然，動於四方。既而登上第，擢詞科，入掌書命，出典方州。……仁宗初讀軾、轍制策，退而喜曰：朕今日為子孫得兩宰相矣！

一時朝野上下，推重如此，眞稱得上「年少得志」了。常人處此情境，或難免志得意滿、額首稱慶，而蘇軾卻深以為戒，惕勵在心。〈稼說〉一文，就是在這種反躬自省的心境下所產生的作品。

首先，他從年歲的觀點，指出人才的培育，猶如禾稼的生長，需經歷長時間的「養」、「成」。文中：「三十而後仕，五十而後爵」的說法，隱然告誡張琥與自己尚未年滿三十，不宜暴享盛名。

其次，他更深切體認到，學養不足尤其是「青年學者」的大敵，所以主張「務學」，文中「博觀而約取，厚積而薄發」的說法，即對此而發。

瞭解上述旨意後，讀者已能解答問題否？正因爲年紀輕，而受人誇讚過多，所以蘇軾〈稼說送張琥〉說：「吾少也有志於學，不幸而早得與吾子同年，吾子之得亦不可謂不早也。吾今雖欲自以爲不足，而衆且妄推之矣！嗚呼！吾子其去此而務學也哉！」言下之意，正是苦於文名太盛，願去此虛名而求得實學，勉勵張琥，亦所以勉勵自己。

——摘錄自《國文天地》七十八年六月號

〈陋室銘〉中「綠」、「青」的詞性

問

〈陋室銘〉中：「苔痕上階綠，草色入簾青」，課本翻譯成：「綠色的苔蘚長到臺階上，青翠的草色映入門簾。」是否流於呆板？又「綠」、「青」二字應爲動詞或形容詞？（小琉球讀者．黃慶祥）

答

民族國中國文教師劉崇義：「苔痕上階綠，草色入簾青」這二句可作兩種方式解釋：

一、是依據教科書的說法，把這兩句作爲「綠苔痕上階」、「青草色入簾」的倒裝句看待，由於倒裝的關係，原爲敍事簡句，改變成表態繁句。

二、是直接把兩句看作是表態繁句，「苔痕」作主語；「上階綠」作謂語（由謂語形式造句結構構成）。

這兩種方法解釋皆能講得通，而差別是：第一種表現出靜態感，只以「綠」表語呈現；而第二種表現出動態感，因「上階」而「綠」。由動態的感受，更能凸顯靜的一面，因此若配合課文看，以第二種解釋，較能襯托出陋室環境的幽靜。

從以上的瞭解，翻譯課文必須配合句型解釋較宜，而課本的注釋，只是就那兩句的原句（敘事句）解釋，不宜視為翻譯課文之用，能如此，也就不會對注釋產生誤會。「綠」、「青」二字在上述二種的解釋中，皆是形容詞，作表語。

——摘錄自《國文天地》八十年元月號

「攻守之勢異也」如何解釋？

問 第六册〈過秦論〉文末提及秦亡的原因爲：「仁義不施而攻守之勢異也」，請問「攻守之勢異也」宜如何解釋？與「仁義不施」在思想上是否有矛盾之處？（宜蘭讀者．蘭陽女中教師游秀菊）

答 **臺灣師大國文系教授陳滿銘**：〈過秦論〉是採先條分、後總括的形式所寫成的文章。文中第一、二兩段，主要在寫「攻」，以秦之長攻六國之短；第三段主要在寫「守」而「仁義不施」；第四段寫「守」而「仁義不施」的後果，即快速敗亡；第五段總括前四段條述的部分，用前文所提供的材料，加以「比權量力」，結出「仁義不施而攻守之勢異也」的一篇主旨。其中「攻守之勢異也」，是指秦國在滅亡六國後，不知道攻守之勢已改，依然想藉著攻時的堅甲利兵來長守天下，以致敗亡得那麼快速。這和「仁義不施」意屬一貫，絲毫沒有矛盾的地方。

——摘錄自《國文天地》八十年十一月號

《過秦論》的「誰何」

問

高中課本第六册《過秦論》的「陳利兵而誰何？」其中的「誰何」一辭，在五十八年的灰皮高中課本解爲「誰敢問」，到六十四年的黃皮高中課本也解爲「誰敢問」，但七十二年以後的黃皮課本卻改爲「誰何，何人也。」，若改爲「何人」，這一句就很難講了，今翻閱辭海，中文大辭典，都解爲「誰敢問」，不知孰是孰非？（台中・大里讀者・張文榮）

答

台大中文系教授周鳳五答：賈誼《過秦論》「良將勁弩，守要害之地；信臣精卒，陳利兵而誰何。」其「誰何」一詞，無論解作「誰敢問」或「何人」，都嫌不夠明確。

按：《史記・秦始皇本紀》引〈過秦論〉，集解云：如淳曰：「何，猶問也。」索隱則引崔浩說，以爲「何，或爲呵。」又引漢舊儀云：「宿衞郎官分五夜誰呵，呵夜行者誰也。」從而證明「何、呵字同」。呵即呵問，然則，如淳雖不改字，而所謂「何，猶問也」的意見與司馬貞之說並無二致。「誰何」一詞，原指兵士巡邏，盤詰出入，《六韜・龍韜金鼓篇》：

太公曰：「凡三軍以戒爲固，以怠爲敗，令我壘上誰何不絕，人執旌旗，外內相望，以號相命，勿令乏音，而皆外向。」

「令我壘上誰何不絕，……勿令乏音」云云，所描繪的正是戰場上兵士巡邏盤詰的情景，可見這個理解是正確的。另外，《漢書・五行志》有：「（王）褒故公車大誰卒」一語，師古註云：

大誰者，主問非常之人，云姓名是誰也。……大誰本以誰何稱，因用名官，有大誰長。今此卒者，長廳領士卒也。

所謂「問非常」，也正是巡邏盤詰之意。直到宋祁撰《新唐書》，於〈李訓傳〉記「甘露之變」云：

明日，召羣臣朝，至建福門，從者不得入，光範門尚閉，列兵誰何，乃繇金吾右仗至宣政衙，兵皆露持。

宋祁好用古文古訓，此處「誰何」正用巡邏盤詰之意。若解作「誰敢問」或「何人」，恐怕都不夠明確。

「誰何」還引申爲過問、理會之意。《史記．葛石張叔列傳》記景帝爲太子時曾召啇綰飲酒，綰稱病不行，景帝即位後，「歲餘，不瞧呵綰」，《漢書》作「歲餘，不孰何綰」。「瞧呵」就是「孰何」，也就是「誰何」，《史記索隱》云：

■秦始皇像

誰何二音。誰何，猶借訪也。一作「譙呵」，譙，責讓也；言不嗔責綰也。

〈索隱〉「一作」以下，誤說不可從。《漢書》服虔注作「不問也」，師古注也主張：「何即問也。不誰何者，猶言不借問耳。」這裡的「不借問」，與今閩南語相同，即不理會、不過問之意，這是由巡邏盤詰引申而來的。

——摘錄自《國文天地》七十四年十一月號

「視不己若者，不比於人」應作何解？

問 高中國文第四冊〈貴公〉一篇：「視不己若者，不比於人」和「其於人也，有不見也」，當作何解？（臺南讀者・洪慶明）

答 **政治大學中文系教授朱守亮**：一、視不己若者，不比於人。

視：看待、對待的意思。《字彙》云：「視，看待也。」

若：當如字講、及字講。《尚書・盤庚疏》云：「若，如也。」《經傳釋詞七》：「若，猶及也。」又在中國文言文慣例中，句內有否定詞「不」字時，動詞下的止詞，則改變在動詞上。「不己若」，就是「不若己」。也就是「不如己」、「不及己」、「趕不上自己」的意思。

比：比方的意思，《呂氏春秋》高《注》：「比，方也。」方，就是《論語．憲問》「子貢方人」的方。《四書集註》云：「方，比也。」是比或方，都是比較其長短、高低、尊卑、優劣的意思。

兩句話大意是：對待趕不上自己的人，不和他比長短、高低、尊卑、優劣。」以顯示自己比他强，所以下文有：「而哀不已若者」，同情體恤趕不上自己的人。

二、其於人也，有不見也。

其：指隰朋。《讀書作文譜．文中用字法》云：「其，有所指之辭，凡指事、指人、指物、指理，皆用之。」

兩句話大意是：「隰朋對別人，有時不願意加以挑剔瑣屑瑕疵的地方。」也就是「遇事不苛察以爲明」，所以下文有「處大官者，不欲小察。」因爲「察察以爲明」，以注意不必要的小節爲能事，是大人物所忌諱的。

——摘錄自《國文天地》七十八年十一月號

「料虎頭」、「編虎須」中的隱喩解釋

問

《莊子．盜跖》第二十九，孔子曰：「然。丘所謂无病而自灸也，頭，編虎須，幾不免虎口哉！」究竟該如何解釋？又其中有何含意或隱喩？（讀者．張德民）

答

淡江大學中文系教授王仁鈞：首先，您迻錄的《莊子．盜跖》原文，大概漏掉了一些字；否則便是您見到的本子有了遺漏。據我所知，這段文字雖因版本不同，有些小異，但相互間並不致產生嚴重的牴觸。現依最通行的世界本《校正莊子集釋》爲主幹，附錄它本譌異的情形於次：

解惑篇

孔子曰：「然。丘（或作丘）所謂无（或作無）病而自灸也。疾走料虎頭（或作疾走，料虎頭；疾走料頭；疾走撩虎頭；疾走掩虎頭），編虎頚（或作扁虎顏），幾不免虎口（或作幾不脫虎口；幾不免於虎口）哉！」

在這裡，然，是承諾的語詞，一如口語中的「是的」、「對的」、「的確如此」；丘，是丘的諱寫；无，同無；疾走，是急忙奔趕著的意思；料，相當於觸碰、撩撥的動作；編，即揊撫，捋弄；須，同鬚；幾，如幾乎、差一點，是表示接近程度狀況的限制詞；免、脫，都有擺脫或避開的意味。

若從這段文字的語言背景來解析，也許可以把它譯成語體文：孔子說：「的確是這樣啊。我孔丘這一回可貞應上了一句話——根本沒病，卻忙著自己用艾草來灼傷自己。（簡直是自尋煩惱、自討苦吃嘛。）急急忙忙地（冒冒失失地）跑去撩撥老虎的頭，摸捋老虎的鬍子，差一點沒能擺脫掉老虎的大嘴巴（幾乎沒能躲開老虎的傷害）哩！」

至於說它有何含意，唐代的成玄英早就在他的疏中說過了：「夫料觸虎頭而編虎須者，近遭於虎食之也。今仲尼往說盜跖，履其危險，不異於斯也。」

若是深究進一層的隱喩，我以爲那是整個〈盜跖篇〉的問題，這一小段文字並沒有什麼微言奧意，似乎不必盯住它去多費猜疑。

——摘錄自《國文天地》七十六年四月號

〈鄒忌諫齊王〉中「旦日」的時序問題

問

國中國文課本第四冊十八課〈鄒忌諷齊王納諫〉，第一段的「旦日」，究竟是指明日，還是早晨？（桃園讀者・簡綉鈺）

答

清華大學中語系副教授陳萬益：《戰國策・齊一・鄒忌諷齊王納諫》篇中「旦日」一詞的語義，元朝鮑彪的注是：「旦，明也。」此說與《說文解字》等辭書的說法一致。以「旦日」作「明日」解，我們還可以在《詩經・大東傳》：「旦日出」的疏，及《穀梁傳・宣公八年傳》「祭之旦日之享賓也」的注中找到例證。

今日通行的辭書如《辭海》、《文史辭源》、《大漢和辭典》等，「旦日」條下也都解爲「明日」，《大漢和辭典》還引了《齊策》這一段文字爲例。可見，坊間古文選本的注譯以「旦日」爲「明日」，是有根有據的。

今讀者詳讀上下文，推敲其時序，而認爲「旦日」或有別解。此文有關時序的前後文是：「——朝服衣冠窺鏡，謂其妻曰……旦日，客從外來，與坐談……明日，徐公來，熟視之……」如果將「旦日」解爲「明日」，則「朝服衣冠窺鏡」爲第一日，「旦日」爲第二日，而徐公來的「明日」已爲第三日。今按：《爾雅・釋詁》：「旦，朝也。」《說文解字》：「朝，旦也。」《詩經・庭燎疏》云：「旦者，日方出地未相去離之辭。」《文史辭源》「旦日」條除解爲「明日」外，另解「天明時，即平旦。」並引《左傳・昭五年》：「日上其中，食日爲二，旦日爲三。」與《史記・陳涉世家》：「卒皆夜驚恐。旦日，卒中往往語，皆指目陳勝。」爲例。可見「旦日」亦可解作「天明時」。相對於此，上文的「朝服衣冠窺鏡」的時序或在天未明、「尚早」的時刻。鄒忌晨起服衣冠的時刻，或許與趙盾相同。《左傳・宣公二年・晉靈公不君》篇：「使鉏麑賊之。晨往，寢門闢矣。（趙盾）盛服將朝，尚早，坐而假寐。」此時節也就是今人所謂「天還沒亮」的「日未出」的時候。那麼，「旦日」與「朝服衣冠」只是在時序上分先後而已，而問妻妾與問外來客的行爲應屬同一天發生的事，後文的「明日」則是第二天，而不是第三日。

以上二說或許可以並存，提供給讀者參考。

——摘錄自《國文天地》七十四年八月號

「千山」對「萬樹」與「燕子」對「烏孫」何解？

問

〈近代學人手札〉中，不知冒廣生先生所指「燕子」對「烏孫」，伍俶先生所舉「千樹」、「萬山」一聯，其全句，甚或全詩是如何？祈能明示。（臺北讀者・沈耀程）

答

淡江大學中文系教授陳慶煌：「燕子」對「烏孫」，原詩見正中書局印行成惕軒先生著《藏山閣詩》頁一〇一〈九州〉：「歌舞南都舊，艱虞朔虜存；春燈憐『燕子』，塞月念『烏孫』；竊國羣相斫，瞻天帝亦昏！殺機知未厭，誰弔九州魂？」冒廣生先生謂此詩頷聯洪北江以「烏孫」對「黃祖」，同工異曲，無懈可擊，眞五言之長城也。

至於「千樹」、「萬山」一聯，原詩見《藏山閣詩》頁一四八

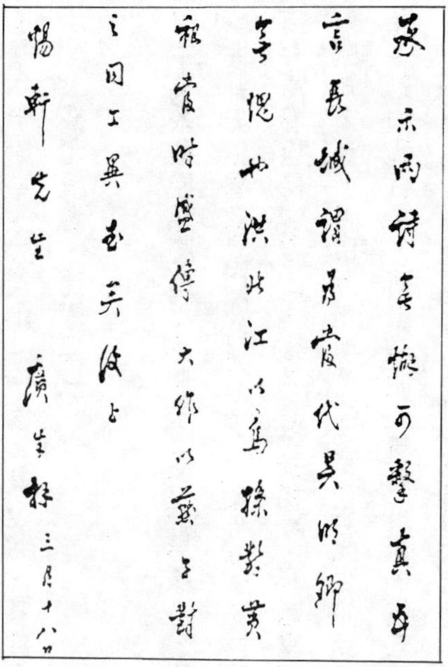

■冒廣生先生復成惕軒教授函

〈景美紀事〉：「絕頂純陽殿，惟憑鳥道通；人行『千樹』杪，天在『萬山』中；白鶴飛何處？紅羊劫未窮；靈丹如可乞，爲我破羣蒙。」其序謂「……距（景美）鎮（區）五里許，有勝蹟曰指南宮，宮祀呂眞人洞賓。幔室中懸，瓣香不絕，歲時伏臘，士女喧闐，俗稱仙公廟者是也。寄鶴馭之靈蹤，控猴山之絕頂。縹渺無際，疑是蓬萊；險巇不平，渾同蜀道。石磴上下，級逾二千，僕直履其巔，憩於夢室。天開玄圃，訝紅塵之不飛；海易桑田，嗟黃粱其未熟。昔人忘機濠濮，遁迹仙源，舉以相方，斯無遜色。……」陳含光先生稱：「序似吾鄉容甫（汪中），詩在秦州何氏山林之間，皆高製也。」

——摘錄自《國文天地》七十五年四月號

「恁」、「任」同解嗎？

問 中央圖書館八十年九月舉辦官書大展，其宣傳的主標題：「恁晴空飛翔」，「恁」字同「任」嗎？若不同，則此句該如何解釋？（基隆讀者·王輔羊）

答 **臺灣師大國文系教授賴明德：**「恁」字的本義是思念。《說文解字》恁字下的段玉裁注有詳說。《廣雅·釋詁》云：「恁，思也。」《玉篇》云：「恁，念也。」都可以證明从心的恁字有思念的意思。其後因爲假借的關係，恁字便有「如此」的意思，《正字通》：云：「恁，俗言如此也。」如黃機的〈水龍吟〉詞云：「恨荼蘼吹盡，櫻桃過了，便只恁成孤負。」恁字作「如此」解時，因爲語言上的關係，又增字而成爲「恁地」或「恁的」。《通俗編．語辭》「恁地」條云：「恁地之恁，乃如此之義。」如《朱子全書．學篇》云：「義理儘無窮，前人恁地說，亦未必盡。」又《朱子語錄》云：「緜也是有才智，只是狠拗，所以弄得恁地。」又《水滸傳》第一回：「史進道：『胡說！偌大一個少華山，恁地廣闊，不信沒有個獐兒、兔兒？』」。作「恁的」的例子，如元曲《玉鏡臺》云：「小官暗想來只得如此，若恁的呵，不濟事。」

中央圖書館官書大展的主標題：「恁晴空飛翔」，其意思應當是「在如此晴空中飛翔」，恁字不得作「任」解。

——摘錄自《國文天地》八十年十一月號

「蔣故總統經國先生逝世」？

問

「蔣故總統經國先生逝世」是合邏輯的嗎？雖然是一個很完整的句子，但「故」與「逝」的意義卻重複了，已經逝世的總統，如何能再「逝」一次呢？可否請臺大顏元叔教授回答？（淡水讀者·莊鴻選）

答

臺灣大學外文系教授顏元叔：既「故」何可再「逝」，讀者莊小姐所疑甚是。

——摘錄自《國文天地》七十八年五月號

「俄有使使止之」中「有」、「使」的音義爲何？

問

國中國文第五冊第十課：〈文天祥從容就義〉最後一段有：「俄有使使止之」這一句的解釋，注音、詞性等均與以前舊課不同：

以前「俄有使使止之」的「有」讀ㄧㄡˋ，同「又」，第一個「使」ㄕˇ是動詞，派遣。第二個「使」ㄕˋ，名詞，使者。這句的解釋或翻譯：「不久，又派使者去阻止行刑」。

而現在新編的課文後的注釋把「有」當成ㄧㄡˇ，第一個「使」變成名詞，使者。第二個「使」變動詞，當「傳達」講，我查閱最近書局發行的參考書都是按以前的說法。不知何者正確？（讀者．高亨才）

答

臺灣師大國文系教授黃慶萱：「有」讀ㄧㄡˇ，作有無之有解，與讀ㄧㄡˋ，假借為又，在古文中都找得到依據。「俄有使使止之」句中之「有」，則讀ㄧㄡˇ，是表示存有的動詞。（也有些文法學家把這個「有」看作「冠詞 Article 性的形容詞，詞性略近英語中的 A 或 Some、Any。」）把它看作表存有的動詞，理由有二：

一、本文第二段有「上使諭之曰」、「又使諭之曰」，可見本文表重複的副詞用「又」不用「有」。

二、本段（課文第四段）敍述觀點以文天祥為主，與第二段敍述觀點以元世祖為主不同。所以第二段「上使」、「又使」，以「上」（元世祖）為主語；第四段「有使」如作「又使」解，那麼主語就費解了。

——摘錄自《國文天地》七十六年二月號

問

國中國文第五册第十課〈文天祥從容就義〉中「俄有使使止之」其解釋為上一個「使」字是名詞，下一個「使」字是動詞，是說：「不久有位使者前來傳達停止行刑的命令」，唯讀《古今文選》一三二期〈蘇武傳〉一文中有「單于使使曉武」，根據注音上「使」注ㄕˇ，下「使」注ㄕˋ，則上「使」字為動詞，下「使」字為名詞，那就應解釋說：「單于派一個使者前來告諭蘇武」。以上兩文中「使」「使」二字究應作何解釋為妥？（讀者・甘澐）

答

高雄師大國文系教授何淑貞：中國文字是方塊形態，字形毫無變化，對漢語來說，不可能由詞的形式推知其職務或所屬詞類，因而詞無定性，詞性端賴該詞在句中擔任的職務來決定。但又由於漢語語序固定，按照詞在句中的位置，便可推定其職務及詞性，進而獲得精確的詞義。

〈文天祥從容就義〉一文中「俄有使使止之」是由「俄有使」及「使使止之」兩個句子遞繫而成，因上句的賓語及下句主語完全相同（同是「使」字），便合併凝縮成文中所見的句式，所以句中第一個「使」字身兼二職（對上為賓語，對下為主語，語法上稱為兼

解惑篇

語）。這種職務在句中屬於名詞性單位，「使」字作名詞用時是「使者」之意；下句「（使）使止之」是致使繁句，第二個「使」字便是這個致使繁句的主要述語，是個動詞性的單位，「令」的意思。第一個「使」字位於述語「有」字之後，是「有」字的賓語，作名詞用；第二個「使」字在兼語「使」字之後，故知其爲句中述語，作動詞用。

〈蘇武傳〉一文中「單于使使曉武」是個致使繁句，主語「單于」之後第一個「使」字，應爲句中主要述語，是個動詞性單位；致使動詞「使」、「令」爲有股力量使其後的賓語有所動作或產生變化，所以第二個「使」字擔任第一個「使」字的賓語之後，又作述語「曉」的主語，又是個身兼二職的兼語，是名詞性單位。

前述兩句中「使使」二字，在句中的位置不同，職務各異，並非兩兩平行對應，自然應有不同的意義，來函對上述兩句的釋譯完全正確，並無矛盾。

——摘錄自《國文天地》七十六年六月號

「坐」字的解釋

問 請問新版高中課本第一冊十五課〈長干行〉的「坐愁紅顏老」的「坐」該如何解釋？（臺中讀者・黃麗芳）

答 **臺灣師大國文系教授王更生**：關於〈長干行〉「坐愁紅顏老」的「坐」字的解釋：近人張相《詩詞曲語辭匯釋》卷四「坐」字條（六）云：「坐，甚辭，猶深也」引李白〈長干行〉詩：「感此傷妾心，坐愁紅顏老。」云：「坐愁，猶云深愁也。」

——摘錄自《國文天地》七十六年十一月號

解惑篇

問 高中國文第五冊第十三課〈復多爾袞書〉，其中「坐昧大一統之義」的「坐」字，應作何解釋？詞性爲何？（臺中讀者．張文榮）

答 **成功大學中文系教授謝一民：**要瞭解「坐」字在這句話中的涵義，必須先明白「坐」字的本義。

「坐」（㘴）字的本義，從形體上去審察，我們可以明確地看出來，是兩個人坐在土地上。人們席地而坐，會有舒適安然的感受。因此，從本義引申，「坐」字就有了「安然」的引申義。

我們再一步去體認一下「安然」的涵義，它應該是具有正負兩方面的意義的。

從正面來說，這種「安然」的感受，是心既安、理又得的。像《孟子．滕文公》：

經界既正，分田制祿，可坐而定也。

這裡的「坐」字涵義，就是心安理得的安然。從負面來說，「安然」的心態，卻是心雖安而理不得的。像諸葛亮〈後出師表〉：

孫策坐大，遂并江東。

這裡的「坐」字，雖然也具有「安然」的涵義，然而卻包涵了自以爲是、於理未得的意味在內。

根據以上的說明，我們再來尋思一下〈復多爾袞書〉中「坐昧」的眞義。

史可法的文章中：「拘牽『不即位』之文，坐昧『大一統』之義。」這本是兩個對偶的句子。從結構上來看，「拘牽」與「坐昧」，都是動詞。「拘牽」，就是拘泥的意思；「坐昧」，就是不明白的意思，文意是很淺近的。「昧」字上，增添了一個「坐」來修飾，是屬於修辭技巧的運用。目的在於增强對多爾袞愚昧程度的形容、與自以爲是的斥責。意思也就是說：多爾袞根本不明白「大一統」的眞正道理，卻安然地自以爲懂，因此才會有錯誤的認定。「坐」字在這句話中，是負面的安然意思，是個形容詞。

——摘錄自《國文天地》七十五年元月號

〈文天祥從容就義〉文中「其」字的詞性

問

國中國文第五冊第十課〈文天祥從容就義〉一文中：「麥朮丁力贊其決，遂可其奏」、「惟其義盡，所以仁至」，這三個「其」字詞性爲何？作何解釋較妥？（六龜讀者・鄭水圳）

答

臺灣師大國文系教授賴明德：一、本文前段敍述文天祥被押解到燕京的殿中，見到元帝忽必烈時，僅長揖而不拜。其後元帝又派使者勸天祥投降，願畀予宰相或樞密的高位，均爲天祥所嚴拒。奉派勸降的使者感到種種遊說俱無效果，乃奏曰：「天祥不願歸附，當賜之死。」下文即是：「麥朮丁力贊其決，遂可其奏。」這兩個指稱詞「其」在文法上應當是指奉派勸降之使者的所有格。坊間的參考書有的將上一個「其」字解作指文天祥的所有格，表示文天祥的決心，這和上文的文氣欠連貫，不妥當。

二、「惟其……所以」是表示因果的關係詞，較早的古書大多作「唯（通惟）……」如《老子》第八章：「夫唯不爭，故無尤。」第六十六章：「夫唯大，故似不肖。」《左傳．昭公二十年》：「唯不信，故質其子。」

其後惟字下常加一個稱代詞「其」而成為複詞「惟其」，只是加强其語氣而已，意思並沒有變；如說：「惟其不平，故有爭吵攘奪之事。」白話文中也有這種例子，如說：「惟其最關心，所以也最怕失望，最易懷疑。」這個一問題，詳情可參考復興書局出版許世瑛先生著《常用虛字用法淺釋》四一三～四一四頁。

——摘錄自《國文天地》七十六年四月號

〈岳陽樓記〉中「其」字解

問

〈岳陽樓記〉中：「其必曰：『先天下之憂而憂，後天下之樂而樂』」，請問「其」字是否表推測之語氣，解爲「大概」、「只怕」，或另有他解。（高雄讀者．洪秉彝）

答

臺灣師大國文系教授黃慶萱：〈岳陽樓記〉中的「其必曰」之「其」，是稱代詞。稱代的對象，是上文的「古仁人」，也可說是范仲淹超我生命的外射投影。滕宗諒（字子京）因慶州退敵犒師，被御史梁堅劾奏其用度不節；范仲淹爲滕辯護，同受御史中丞王拱辰之排擠，與滕均遭貶謫。文中「謫守」、「遷客」、「去國懷鄉」、「憂讒畏譏」、「寵辱皆忘」、「不以己悲」、「處江湖之

解惑篇

■岳陽樓

遠則憂其君」皆與遭貶有關。於是范仲淹託言「古仁人」必曰：「先天下之憂而憂，後天下之樂而樂。」以與滕共勉。下文：「微斯人，吾誰與歸？」表面上「斯人」亦指「古仁人」，而言外意實爲：「如果你滕子京不是這樣的人，我范仲淹是交錯朋友了！」附述於此。

——摘錄自《國文天地》八十年二月號

「東西」是名詞或代名詞？

問 請問「東西」一詞，是名詞或代名詞？

（臺中讀者．林維倫）

答 **臺灣師大國文系教授黃慶萱**：在常見的語句中，「東西」大致都作名詞使用，不作代名詞使用。來信問「東西」一詞是名詞或代名詞？可能是因爲在「這是什麼東西？」中，「東西」指的是「物品」；在「他算什麼東西！」中，「東西」指的是「人」，因此誤以爲「東西」是指稱「物品」或「人」的代名詞。其實在這兩句中的「東西」，一是「物品」的另一種名稱；一是把「人」貶作「物」的賤稱。都是「別稱」，而非「代稱」。所以是名詞，而非

「代名詞」。

——摘錄自《國文天地》八十年十二月號

「誰以易之」的文法問題

問 《論語．微子》中：「滔滔者天下皆是也，而誰以易之。」其中「而誰易之」，可否作爲「以誰易之」的倒置？（臺北讀者．陳爾惠）

答 **東吳大學中文系講師陳素素**：在解釋此句之前，先把「誰以易之」的異文列在下面：

一、「誰易之」——此英倫所藏敦煌（s0618）《論語集解》經文。

二、「誰與易之」——此陳鐵凡先生《敦煌論語彙考》「誰以易之」條下所云。

至於「而誰易之」則是阮刻《十三經注疏》本的經文。

右列三種異文，從文法上來看，可大別爲兩類：

第一類：「誰易之」。

第二類：A「誰以易之」

B「誰與易之」。

如按第一類，則「誰」爲此句主語，自然沒有倒置不倒置的問題。如按第二類，則「誰」爲介詞「以」或「與」的次賓語，因爲「誰」是疑問代詞作次賓語，所以提在介詞之前，陳小姐所云「倒置」者，理由即此，詳見戴璉璋先生〈古代漢語的語序變換〉一文。至於「誰」作「以」的次賓語，則爲憑藉次賓語，許世瑛先生《論語廿篇句法研究》即作此看法；「誰」作「與」的次賓語，則爲交與次賓語，從楊伯峻先生《論語譯注》可以看出楊先生是作此看法。

異文、文法的問題既已交代，再說此句的解釋：

如按第一類，則可解爲：「天下都是像洪水一樣的壞東西，誰能改革這種局面呢？」

如按第二類A，則可解爲：「天下都是像洪水一樣的壞東西，靠誰來改革這種局面呢？」

如按第二類B，則可解爲：「天下都是像洪水一樣的壞東西，同誰來改革這種局面呢？」（「像洪水一樣的壞東西」係從楊伯峻先生譯）

這三種異文在解釋上都可通，故並列如上，聊供採擇。

——摘錄自《國文天地》七十八年七月號

「驚天地、泣鬼神」是擬人法嗎？

問

「驚天地、泣鬼神」是否爲擬人的描寫法？

（讀者．陳紹義）

答

臺灣師大國文系教授黃慶萱：「天地」能受驚，「鬼神」能哭泣，這是把「天地」、「鬼神」化擬爲人，所以可以稱作「擬人的描寫法」。不過，也可以稱作「轉化」中「人性化」的修辭法。另外，使天地受驚，教鬼神哭泣，這是不可能的。所以意念表出方面，帶有「夸飾」的成分。而形式上，「驚天地」、「泣鬼神」又是「對偶」句。這樣看來，它不僅爲擬人的描寫法，還使用了夸飾和對偶的修辭法。許多佳句，常常由好幾種修辭法修飾而成。

——摘錄自《國文天地》七十七年七月號

「瓢囊」是否屬「借代」？

問

錢公輔所作〈義田記〉中，有一句是：「族之人瓢囊爲溝中瘠者，豈少哉？」句中「瓢囊」在修辭學上是否屬「借代」？（苗栗讀者．詹明智）

答

臺灣師大國文系教授黃慶萱：「瓢囊」爲「行乞」的主要工具。施捨者將米放在乞丐所持之瓢內，乞丐再將瓢中之米傾入所負之囊中。此借行乞之工具「瓢囊」以代「行乞」之事實，所以是「借代」。而「瓢囊」之詞性又由名詞轉變成廣義的動詞，所以除「借代」外，還帶有「轉品」的意味。

——摘錄自《國文天地》七十八年八月號

「塞向墐戶」是否爲當句對？

問 《詩經·豳風·七月》中的「塞向墐戶」，此句是否爲當句對？（臺南讀者·黃慶蓮）

答 政治大學中文系教授朱守亮：在中文的修辭學界有一種說法，即「排比」乃指「兩句」和「兩句」的對比，而以單句和單句的對比爲「對偶」。問題中的「塞向墐戶」，在《詩經·七月》詩中的前一句是「穹窒熏鼠」，後者的意思是：清除室中孔穴的雜物，用火把將老鼠趕走；而前者則爲：將面向寒風吹來的牆壁上，凡有孔、隙處都用泥塗敷住。因此，這兩句可說是「對偶」。

同時，在我國古典詩的句法中，有一種「句中對」的方法，是指在同一個句子中，有二個詞或短句以相互對立的形式出現。它又稱爲「當句對」，用來和「隔句對」區別。「塞向墐戶」這句中的「塞向」和「墐戶」都是動作，也各有兩字，因此是一種很典型的「當句對」。

——摘錄自《國文天地》八十年九月號

「固已賢夫并老人而芋視之者」中「并」字作何解？

問

周容〈芋老人傳〉：「固已賢夫并老人而芋視之者」「并」字作何解？全句作何解？並請文法分析。（新竹讀者・林明之）

答

臺灣師大國文系教授戴璉璋：「固已賢夫并老人而芋視之者」，是個表態句。主語指上文「不忘一芋」的那位相國；「固」、「已」是兩個副語；「賢」是表語；「夫并老人而芋視之者」是比較次賓語。這個次賓語是主從結構；其中「夫」是特指代詞作加語（意謂「那些」）；「并老人而芋視之者」是端語。這個端語又是主從結構；其中「并老人而芋視之」是加語；「者」是端語。這個加語是造句結構：其中「并」是介詞，介繫提前的賓語「老人」；「而」是連詞；「芋」是副語；「視」是述語；「之」是形式上的賓語。

全句意謂：（他）實在已經比那些連老人（指有恩於己的人）都像看待芋一樣來看待的人好得多了。

所謂「并老人而芋視之」（「連老人都像看待芋一樣來看待」），即「芋視老人」（「像看待芋一樣看待老人」——參考前文「芋視乃婦」、「芋視乃友」、「芋視乃學」諸句）。「并」（「連」）使「老人」提前，有加以强調的作用。

——摘錄自《國文天地》八十年四月號

「賢不肖」何所指？

問

《孟子・離婁》：「賢不肖之相去，其間不能以寸。」「賢不肖」何所指？（新竹讀者・林明之）

答

臺灣師大國文系教授戴璉璋：這一章的全文如下：

孟子曰：「中也養不中，才也養不才，故人樂有賢父兄也。如中也棄不中，才也棄不才，則賢、不肖之相去，其間不能以寸。」

朱子《集注》說：「無過不及之謂中，足以有爲之謂才。養，謂涵育薰陶，俟其自化也。賢，謂中而才者也。樂有賢父兄者，樂其終能成己也。爲父兄者，若以子弟之不賢，遂遽絕之而不能教，則吾亦過中而不才矣。其相去之間，能幾何哉？」

依照朱子的說法，「賢父兄」之所以「賢」，是由於他能把握中道（「中」），有能力做好該做的事情（「才」）。如果做父兄的棄絕不賢的子弟而不加以教導，那就是處置失當，沒有才能去做好該做的事情。這樣的父兄假如還說他「賢」（所謂中也，才也），那麼「賢」與「不肖」的意義就幾乎沒有分別了。據此可知，前面引文中的「賢、不肖」，是客觀地說，一般地說，並不專指某人的品德。

——摘錄自《國文天地》八十年四月號

「文」、「紋」的區別

問 「文風不動」或「紋風不動」；「文過飾非」或「紋過飾非」，何者爲對？（讀者·劉奕成）

答 **新竹師院語教系教授李周龍**：考「紋」字之義，韓孝彥〈篇海〉云：「凡錦綺黼繡之文，皆曰紋。」風之生也，古人或以爲先見於萍末，故溫庭筠〈盧氏池上遇雨詩〉云：「萍動風來候。」或以爲先見諸錦面，故唐太宗〈小池賦〉云：「疊風紋兮連復連，折回流兮曲復曲。」殆以水面擬諸錦面也。由此可知，當以「紋風不動」者爲是。設若寫作「文風不動」，則文風指士人爲文章之風氣，與「不動」二字，何所取義？

「文過飾非」，語本《論語．子張》：「子夏曰：『小人之過也必文。』」何晏《集解》引孔安國之說云：「文飾其過，不言情實。」「文」字於此音ㄨㄣˋ，不可寫作「紋過」。《昭明文選》楊惲〈報孫會宗書〉：「言鄙陋之愚心，則若逆指而文過。」所引亦作「文過」，可證。

——摘錄自《國文天地》七十七年二月號

「秣不擇粟」中「抹」、「飲」的意義與詞性

問 國中課本第四冊〈良馬對〉中有：「秣不擇粟，飲不擇泉」，「秣」、「飲」兩字意義、詞性當爲何？（臺北讀者．黃瓊瑤）

答 **臺灣師大國文系教授林礽乾**：按「飲」字之義顯豁易知，「秣」字之義隱約費解。坊間參考書釋「秣」爲「餵馬之穀物」，此說並不妥切。而一般字書（《說文解字》、《康熙字典》）、辭典（中華《辭海》、天成《文史辭源》）之釋「秣」，共有「姓」、「地名」、「餵養」、「飼馬穀」諸義，據此數義以釋「秣不擇粟」之「秣」，又皆窒礙而不可通。故欲探索「秣」字之義蘊與詞性，唯

解惑篇

有自課文上下文義之比對及其句法結構之分析以求之。〈良馬對〉云：「帝問岳飛曰：『卿得良馬否？』對曰：『臣有二馬，日啗芻豆數斗，飲泉一斛，然非精潔即不受……不幸相繼以死。今所乘者，日不過數升，而秣不擇粟，飲不擇泉。』若照「日啗芻豆數斗……非精潔即不受」之句式，「今所乘者」下數句，本亦可作：「日秣粟、飲泉不過數升，然苟取而不擇精潔（指不擇粟之精或不精，不擇泉之潔或不潔）。」作「秣粟、飲泉」，「秣」字之義與詞性，可不難而得。蓋「秣粟飲泉」之「飲」，即上文「飲泉一斛」之「飲」，「飲」爲動詞，「秣」亦爲動詞；「飲」之義爲「喝」，「秣」之義與上文「日啗芻豆數斗」之「啗」同義，並爲「食也」之義。《後漢書・郭丹傳》：「昔孫叔敖相楚，馬不秣粟，妻不衣帛。」《左傳・成公十六年》：「季孫於魯，相二君矣，妾不衣帛，馬不食粟。」「馬不秣粟」與「妻不衣帛」相對爲文，「衣」爲動詞（穿也），「秣」亦爲動詞，〈郭丹傳〉之「秣粟」，即左成十六年傳之「食粟」，「秣」正作「食」字解。

惟〈良馬對〉中，作者爲求句式之變化及强調「今所乘者」飲食方面之苟取而不擇精潔，遂不採：「日秣粟、飲泉不過數升……」之句式，而改以：「日不過數升，而秣不擇粟，飲不擇泉」之句型出之。作「秣不擇粟，飲不擇泉」，「秣」、「飲」之字義及詞性，與作「秣粟、飲泉」已有不同。因「秣粟」、「飲泉」並爲敍事句（「秣」、「飲」爲述詞，「粟」、「泉」爲止詞）；而「秣不擇粟」、「飲不擇泉」同屬表態句（與《論語．學而》「食無求飽」、「居無求安」之句法近似。「秣」、「飲」爲表態句之主語，「不擇粟」、「不擇泉」爲表態句之謂語），漢語語法，原本作爲動詞之字，若句法變，則其先前之字義及詞性亦常隨之而變。此處「秣」、「飲」二字，由敍事句之述詞，變爲表態句之主語，厥義即由「食也」、「喝也」，變爲「所吃的」、「所喝的」，而詞性亦由動詞轉化作名詞用。

——摘錄自《國文天地》七十五年十月號

「華而不實」中「華」的正確讀音爲何？

問 第三册〈成功〉一課有「華而不實」，課本注釋爲：「只開花而不結果，用以形容人徒有外表，而無實質」，據此有人認爲「華」字當讀「ㄏㄨㄚ」，但辭典裡是爲「ㄏㄨㄚˊ」，不知何音方是正確？（臺北讀者．黃瓊瑤）

答 **臺灣師大國文系教授林礽乾**：按「華而不實」之「華」，本義同花果之「花」。古文作𠌶（彔伯戎毁）、𠌶（毛公鼎），並像草木花開朵朵下垂之形（象形）、小篆加艸作蕐（从艸𠌶，𠌶亦聲），北朝始造从艸化聲之「花」（見《說文》段注）。梁朝江洪〈詠荷詩〉：「澤陂有微草，能花復能實。」（見丁福保編《全漢三國晉南北朝詩》卷十二）「能花復能實」，即既會開花，又會結果；而「華而不實」（猶《論語．子罕》之「秀而不實」），即只開花而不結果。因「華而不實」之「華」，意義與「能花復能實」之「花」悉同，故其音讀自可與「春華秋實」（《顏氏家訓．勉學》）、「華實蔽野」（王粲〈登樓賦〉）之「華」，讀作第一聲之ㄏㄨㄚ」。

惟「華而不實」，引申之而有「有其表而無其實」、「言過其實」諸義。如《國語．晉語四》：「華而不實，恥也。」韋昭注：「有華色而無實事。」《左傳．文公五年》：「且華而不實，怨之所聚也。」杜預注：「言過其實也。」、「華而不實」又以稱「文體浮華而無內容」，如《南史．梁簡文帝本紀》：「太宗多聞博達，富贍詞藻。然文豔用寡，華而不實；體窮淫麗，義罕疏通。」據《廣韻．麻韻》，「華」義與「花」相同時，音「呼瓜切」（ㄏㄨㄚ）；「華」作「草盛也」、「色也」（以及「繁華」、「光華」、「浮華」）解時，音「戶花切」（ㄏㄨㄚˊ）。由是可知，「華而不實」義同「秀而不實」時，「華」音「ㄏㄨㄚ」；作「有其表而無其實」、「言過其實」，或以稱「文體浮華而無內容」時，「華」字之音讀則與「厚薄不相勝，華實不相副」（《論衡．案書》）之華，讀作第二聲之「ㄏㄨㄚˊ」。

此處「華而不實」之「華」，究應讀作「ㄏㄨㄚ」？抑讀作「ㄏㄨㄚˊ」？當視作者之取義而定。茲以〈成功〉一文：「走向成功的路，是不容許好高騖遠，華而不實的，它由血汗點滴凝聚而成」審之，「不容許」下，以「好高騖遠」與「華而不實」連用，均指「虛榮、浮華、不踏實、不切實際」而言。作者取義既側重於「浮華而不切實際」，則「華而不實」之「華」，自以讀作第二聲之「ㄏㄨㄚˊ」為是。

——摘錄自《國文天地》七十五年十月號

「靜聽不聞雷霆之聲」的語法有無特殊處

問

劉伶〈酒德頌〉中有「靜聽不聞雷霆之聲，熟視不覩泰山之形」二句，請問如何解釋？語法上有無特殊之處？（桃園讀者・曾淑媛）

答

臺灣師大國文系教授戴璉璋：從語法觀點言，這是兩個轉折關係的複句。等於說：

靜聽（而）不聞雷霆之聲，熟視（竟）不覩泰山之形。

這是指具有酒德的大人先生，在上文所謂：「無思無慮，其樂陶陶」的情境中，所聽、所視都不侷限於事物的現象，而能超越現

解 惑 篇

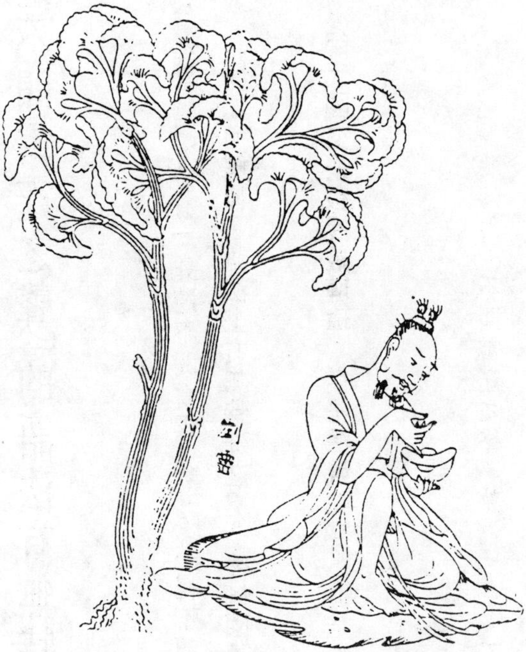

■劉伶（《南朝磚刻壁畫》）

象以見道。循「聲」而見道，就無所謂「雷霆」；循「形」而見道，也就不再計較是不是「泰山」。因此，「不聞」、「不覩」云云，不是說失去聽覺、視覺能力，乃是說在心智上不像一般人那樣妄作分辨，執著於知識層面的判斷。

——摘錄自《國文天地》七十六年十一月號

〈天工開物卷跋〉中字句的解釋

問 高中國文第六册第四課〈天工開物卷跋〉中：「西極川、雲，東至閩、浙，吳、楚腹焉」，此「腹」字當如何解？又「若各居而老死，何藉有羣類哉？」其中「何藉有羣類」請解釋。「方土效靈，人工表異」又如何說？（臺南讀者．洪慶明）

答 **黎明工專國文科教授劉君燦**：一、「腹」是「在中間」的意思，因肚腹居人體之中，江蘇、兩湖本就居四川、雲南和福建、浙江之中。

二、「何藉有羣類哉？」是「又何必憑藉羣體的方式來生活呢？」的意思，也就是「還憑什麼來構成人類社會呢？」因爲人類是羣類生活的。

三、「方土效靈，人工表異」是說各地方不同的土質各貢獻不同的靈性，而人就利用這些土質的差異，做出配合土質土性的器具來。這裡蘊涵了宋應星的科技思想，物要就物性以裁，適合做瓷器的作瓷器，適合做陶缸的做陶缸，這是物盡其性，但人也要各盡其才，同樣的瓷土，甲做的是藝術品，乙做的是實用品，而丙做的，所要表達的，又與甲、乙的風格不同，這是鼓勵人盡其才，就其巧思創意各展其不同風格的美。

——摘錄自《國文天地》七十九年三月號

〈登鸛雀樓〉詩有否夸飾？

問

國中國文第一冊王之渙〈登鸛雀樓〉：「白日依山盡，黃河入海流。欲窮千里目，更上一層樓。」請問詩中有句子屬「夸飾」嗎？若有，請問是何句？（南投讀者．張丁旺）

答

中央大學中文系副教授顏崑陽：這首詩中並沒「夸飾」的句子。「夸飾」是一種修辭的方式，誇張地形容某一物事的性質或形象。這首詩前二句：「白日依山盡，黃河入海流」，都是一般地描寫登樓所見的景象，雖然有人曾經懷疑站在鸛雀樓上能不能看到黃河入海。但「黃河入海」卻畢竟是事實，並無誇張形容之處。後二句「欲窮千里目，更上一層樓。」其中只有「千里目」看起來好像夸飾。但其實也不然，因爲這裡的「目」並不指具體的眼睛，「千里目」當然就不是誇張地形容眼睛之大。「目」指的是視界，「千里」不是確定之數，只是表示空間遼遠之意，故「千里目」乃泛指遼遠的視野。登高所面對的宇宙，本就遼遠無邊，一點兒也沒有誇張，說「千里目」，當然算不得是「夸飾」的修辭。

——摘錄自《國文天地》八十年四月號

「再嫁」、「再娶」何義？

問

錢公輔〈義田記〉次段：「嫁娶婚葬，皆有贍。……嫁女者五十千，再嫁者三十千；娶婦者三十千，再娶者十五千。」舊本注：「再嫁者，夫死而改嫁者；再娶者，妻亡而續娶者。」修訂本注：「再嫁者，指嫁次女者；再娶者，指娶次媳者。」兩注何者為佳？值得商榷。（金門讀者・董春聲）

答

臺灣師大國文系教授王熙元：從行文前後意義的連貫來看，既然前句說「嫁女者」，則後句的「再嫁者」當是「再嫁女者」，這是承上文而省略一個「女」字的行文法；同理，前句說「娶婦者」，則後句的「再娶者」也是「再娶婦者」的省略，承上文而省略一個

「婦」字。

「婦」字的意義，據《說文解字‧女部》：「婦、服也，从女掃帚灑掃也。」指家庭主婦而言，故已出嫁的女子稱婦，如《禮記‧昏義》：「婦說服于室。」引申爲妻稱婦，如古樂府〈陌上桑〉：「使君自有婦，羅敷自有夫。」故今稱夫妻爲夫婦。又子之妻也稱婦，俗稱媳婦，如《詩經‧衞風‧氓》：「三歲爲婦。」《禮記‧雜記》：「婦見舅姑。」故《爾雅‧釋親》說：「子之妻爲婦。」

〈義田記〉中先說「嫁女者」，再說「娶婦者」，由上下文對照來看，則「婦」當指媳婦而言，故「再娶者」既是「再娶婦者」的省略，當是再娶媳婦者的意思，至於「再嫁者」指再嫁女兒者，自然不在話下。因此，修訂本注才是正確的，舊本注只就「再嫁」、「再娶」二詞斷章取義作注，前後不能相應，自然與原意不合。

——摘錄自《國文天地》七十五年元月號

「科頭」作何解釋較妥？

問

〈甲申日記二則〉一文中：「吾嘗一朝科頭，三晨晏起，過必在此。」請問：

一、「科頭」作何解釋較妥？課本注釋說：「沒有梳攏頭髮，也沒有戴上帽子」，《中文辭源》說：「結髮不戴冠」、「沒有梳攏頭髮」，和「結髮」之間，其意若何？

二、「科」字是否合適拆開單獨作解？其意爲何？抑或不宜分解，視「科頭」爲一詞？（新竹讀者．黃懿漢）

答

政治大學中文系教授董金裕：〈甲申日記二則〉一文中：「吾嘗一朝科頭，三晨晏起，過必在此。」其中「科頭」之意爲「不戴帽子」，但「不戴帽子」有兩種可能的情形：

一為雖不戴帽子，但仍梳理頭髮，並將頭髮綰成髮髻，《中文辭源》謂：「科頭，結髮不戴冠。」所指為這種情形。

二為不戴帽子，也不梳理頭髮，《中文大辭典》云：「科頭，髮未梳未冠也。」所指為這種情形。

就課文之意而言，乃在述說生活懶散，所以採第二種情形的解說較恰當，因此課本注釋乃補充說明曰：「這句（一朝科頭）是說：一天沒有梳攏頭髮，也沒有戴上帽子。」

至於「科頭」一詞中的「科」字可拆開單獨作解，曰：「科，通『空』。」科、空，一聲之轉，可以假借。故「科頭」者，頭上空無所有，即「不戴帽子」也。

——摘錄自《國文天地》七十八年二月號

〈荊軻傳〉的「無事」

問

高中國文第四冊第三課〈荊軻傳〉一文中有語云：「夫以鴻毛燎於爐炭之上，必無事矣」。按：課本將「無事」注爲「化爲烏有」；而老師卻以爲「無事」乃「沒有事情即無後患」。孰是孰非？（高雄讀者．曾仁宏）

答

淡江大學中文系教授陳慶煌：本課選自《史記．刺客傳》，但這一句各家注解都無解釋。吳宏一先生在《白話史記》中，翻譯爲「不成問題」，陳貽鈺先生在《式如文集》則認爲應解作「不費事」。從上下文文義來看，解做「不費事」最妥當，「不成問題」也可以。課本的注解是從「不費事」引申出來的，解爲「沒有事情即無後患」恐怕就推衍太過了。

——摘錄自《國文天地》七十四年八月號

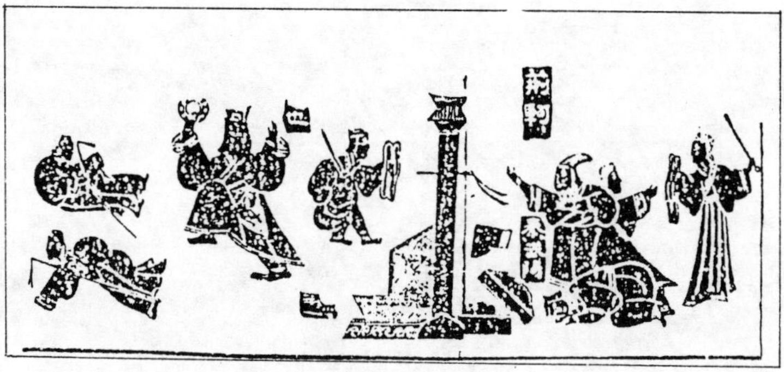

■荊軻刺秦王（山東武氏祠漢畫磚畫）

成語篇

幾個成語的字義

問

請解釋下列幾個用字的意思：

一、危急存亡之「秋」；

二、藥「石」罔效；

三、他山之石可以攻「錯」；

四、「信」而好古；

五、突飛猛「晋」；

六、不「脛」而走；

七、以「策」安全。（桃園讀者・曾淑媛）

答

臺灣師大國文系教授沈秋雄：一、「秋」爲一年四時之一，以部分代指全體，「秋」字可以用作「年」或「時」的意思，這在修辭學上稱爲「借代」（一說「秋」當作「時」的意思用，是因爲秋天是萬物成熟時，見《史記．李斯列傳》張守節正義。這種說法顯屬紆曲附會，今不取。）。「秋」當作「年」的意思，如江淹〈恨賦〉：「千秋萬歲，爲怨難勝」，又李白〈金陵歌送別范宣〉：「四十餘帝三百秋，功名事跡隨東流」等便是；「秋」當作「時」的意思，如《史記．魏公子列傳》：「今公子有急，此乃臣效命之秋也」，又〈李斯列傳〉：「今秦王欲吞天下，稱帝而治，此布衣馳騖之時而游說者之秋也」等便是。諸葛亮〈後出師表〉：「此誠危急存亡之秋也」，句中「秋」字的用法與後者同，也當「時」或「時機」解釋。

二、古代中醫治病，有一種用石針來刺穴道的辦法，稱爲「砭」（《說文解字》：「砭，以石刺病也。」）。所謂「藥石罔效」，「藥」是指「方劑」，「石」便是指「石針」。因爲「石」是「石針」的資料，所以用「石」來代指「石針」，這在修辭學上也是屬於「借代」格。

三、「他山之石，可以攻錯」，這兩句話出於《詩經．小雅．鶴鳴》，原文是：「它山之石，可以爲錯」和「它山之石，可以攻玉」。原文中的「錯」是「厝」的假借（「錯」字的本義是「金塗」，於此不能通解。「錯」、「厝」皆从「昔」聲，二字古音相同，故得相通假。），是指一種可以磨治玉的金剛鑽石（參看《說文解字》金部「厝」篆下段玉裁注）。至於「他山之石，可以攻錯」，句中的「錯」字固然也是「厝」字的假借，但在用法上已由名詞轉爲動詞（這在修辭學上叫「轉品」），是「磨治」的意思，與「攻」構成同義複詞。「攻錯」的受詞是「玉」，這裡省略了。因此，從字面上看，此句是說別座山上的石子可以用來磨治玉，本是指玉的加工而言。後比喻爲借他人的長處，來治自己的短處。

四、「信而好古」出於《論語．子罕》，是孔子說的話，表明了孔子對古代文化的態度。句中的「信」，是「相信」、「篤信」的意思。「信」的受詞是「古」，與下文的「好」字同。孔子對於古代的典章制度，是深信不疑而又衷心愛好，所以他說「信而好古」。

五、《說文解字》日部：「晉，進也。日出而萬物進。」說明了「晉」字的本義是「進」的意思。「突飛猛晉」的「晉」字，正是用「晉」字的本義。

六、「不脛而走」，這句話源出於孔融〈論盛孝章書〉，原文說：「珠玉無脛而自至者，以人好之也，況賢者之有足乎！」「脛」字的意思是「小腿」，這裡以部分借代全體，指的是「腿」。「不脛而走」，即「無脛而走」，從字面上看，原是說沒有腿卻能跑路。後來稱某種學說或消息迅速地流行、傳播，叫「不脛而走」

七、「策」字用為名詞，有「計謀」之義，如「束手無策」、「出謀獻策」等便是。由「計謀」之義轉為動詞，則有「謀」或「謀取」的意思，「以策安全」的「策」字，便屬這種用法。

——摘錄自《國文天地》七十六年三月號

成語不可任意顛倒

問

成語中，何以有些可以前後顛倒說呢？如：「新婚燕爾」，也可說成「燕爾新婚」；「國色天香」，也可說成「天香國色」；「玉手纖纖」，也可寫成「纖纖玉手」；「晨鐘暮鼓」，也可寫成「暮鼓晨鐘」。類似此，多不勝枚舉，這到底是什麼原因呢？（讀者．龔超）

答

臺灣師大國文系教授黃慶萱：「國色天香」、「晨鐘暮鼓」是並列結構，並列結構的成分可以顛倒，所以可作：「天香國色」、「暮鼓晨鐘」。但語意有時微別，如「晨鐘暮鼓」可能是由早到晚；「暮鼓晨鐘」可能是從黑夜到天明。「人傑地靈」、「地靈人傑」；「屢戰屢敗」、「屢敗屢戰」是有名的例子。而且聲韻平仄也全不同了。

「新婚燕爾」、「玉手纖纖」都已成句子，為表態句。「新婚」、「玉手」是主語；「燕爾」、「纖纖」為謂語（表語）。表態句的成分也可以顛倒，但文法構造已全然不同。「燕爾新婚」、「纖纖玉手」都不是句子，而成主從結構的詞語了。

說話作文，使用這些成語時，必須在聲音、語意、文法各方面仔細品辨，然後決定其顛倒不顛倒才好。

——摘錄自《國文天地》七十六年五月號

「少康不忘出竇之辱」二句的典故

問

一、「自三月以來，大讎在目，一矢未加。昔晉之東也，其君臣日圖中原，而僅保江左；宋之南也，其君臣盡力楚、蜀，而僅保臨安。蓋偏安者，恢復之退步，未有志在偏安，而遽能自立者也。大變之初，黔黎灑泣，紳士悲哀，猶有朝氣；今則兵驕餉絀，文恬武嬉，頓成暮氣矣。河上之防，百未經理，人心不肅，威令不行。復讎之師，不聞及關陝；討賊之詔，不聞達燕齊，君父之讎，置諸膜外。夫我即卑宮菲食，嘗膽臥薪；聚才智精神，枕戈待旦；合方州物力，破釜沈舟；尙虞無救。以臣觀廟堂謀畫，百執事經營，殊未盡然。夫將所以能克敵者，氣也；君所以能禦將者，志也。廟堂志不奮，則行間氣不鼓。夏少康不忘出竇之辱，漢光武不忘爇薪之時，臣願陛下為少康、光武；不願左右在位，僅以晉元、宋高之說進也。」該文來自何處？作者是誰？

二、「少康不忘出竇之辱，光武不忘爇薪之時。」兩者有何典故？（讀者．楊鍾鼎）

答

政治大學中文系教授黃志民：附錄文字係明史可法之奏議，出自《明史》卷二七四本傳。坊間如幼獅公司《大學國文選》、國語日報社《古今文選》第九集，並選此文，而皆據本傳題為〈請頒討賊詔書〉；另政治大學附設行專《國文》（下）（華視出版社六十九年八月再版）所選，則據畿輔叢書本《史忠正公集．卷二》題為〈請出師討賊疏〉。畿輔本所收文字較本傳為全。

「少康不忘出竇之辱」，指夏帝相為寒浞所滅，帝妃有仍氏女后緡已娠，逃歸有仍而生少康。少康遂以田一成、衆一旅，中興夏統。事見《史記》卷二〈夏本紀〉、卷三十一〈吳太伯世家〉，唯不見有出竇（洞穴）之事。「漢光武不忘爇薪之時」見《後漢書》卷十七

〈馮異傳〉：「及王郎起，光武自薊東南馳，晨夜草舍，……及至南宮，遇大風雨，光武引車入道傍空舍，異抱薪，鄧禹熱火，光武對竈燎衣。」爇，燃也。前一句應指不忘亡國之辱，後一句應指不忘困頓之時。

——摘錄自《國文天地》七十六年八月號

問

偶讀《國文天地》第二十七期〈解惑篇〉，某讀者要求解釋「少康不忘出竇之辱」的典故，政大中文系黃教授引《史記．夏本紀》的注解作答，但《史記》中並無「少康出竇」的記載，請問究竟詳情如何？

（臺北讀者．楊君玉）

答

退休公務人員黃基正：有關少康中興之故事，散見於《左傳》、《竹書紀年》、《尚書》及《楚辭．離騷．天問》等篇，而以《竹書紀年》之記載爲最詳。我們綜合各書中有關少康中興之記載，可以瞭解此一事件之經過情形，大概如次：

夏禹王的孫子太康，因爲嗜好打獵，不理國政，居然率領人馬到洛水之北去打獵，十旬不歸，百姓怨嘆。有窮氏的諸侯后羿，便乘機入京掌握政權，改立其弟仲康爲王，想挾天子以會諸侯。但是后羿也同樣嗜好打獵，他很會射箭，依恃自己武藝高强，不用賢臣治理國政，終日在外面玩弄鳥獸。當時有一位伯明氏的壞子弟寒浞，被伯明氏驅逐，前來投靠后羿。因爲寒浞口甜舌滑，善於巴結逢迎，后羿非常喜歡，便用他爲相。寒浞取得了后羿的信任以後，便開始施展野心。他一方面迎合后羿的嗜好，儘量阿媚奉承，使后羿誤以爲他是忠實幹部；一方面又施捨財物收買民心，使大家誤以爲他是好人。到後來，便誘騙后羿出去打獵，回家時在半路上將他殺掉，把他的肉煮來給他的兒子吃。后羿的兒子不忍吃自己父親的肉，便乘機逃走，後來死在窮門。后羿死後，寒浞霸占了他的妻室，生了二個兒子：一個名澆，住在過國，在今山東掖縣。一個名豷，住在戈國，在今河南東部。其時仲康已死，仲康的兒子帝相，依同姓諸侯斟灌和斟尋居住。寒浞俟兒子長大後，先使澆率兵滅了斟灌和斟尋，然後殺了帝相，自立爲王。帝相的王后，原是有仍之女，當時正懷著身孕，從狗洞中爬出，逃回娘家去，後來生了一個兒子，就是少康。少康長大後，在娘家管理畜牧之事。寒浞的兒子澆知道了，派人去抓他。少康得到消息，又逃到有虞氏去，管理廚房裡面的事情。有虞氏的國君見他年輕有爲，便給他一成（方十里）的田，和一旅（五百人）的民衆，並把兩個女兒嫁給他。少康得到了這些政治資本，才逐漸培養實力，招收夏朝的故老遺民，準備復國的工作。其時，夏朝的遺臣伯靡，流亡在有鬲氏，他招集了斟灌和斟尋的遺民去攻打寒浞。寒浞倚恃他的兒澆孔武有力，根本不把他們放在眼裡。於是，少康便派汝艾做間諜，潛伏在澆的身邊，俟機殺了澆。寒浞的另一個兒子豷，也被少康的兒子后杼所殺。伯靡則率領夏朝的遺民殺了寒浞，迎接少康回朝，成爲中興令主，洗刷了當初在娘胎裡從狗洞中爬出的恥辱。這就是「少康不忘出竇之辱」一語的典故。

——摘錄自《國文天地》七十八年七月號

「秦穆飲盜馬」二句的典故及解釋

問 學校模擬考「閱讀測驗」考題，其中有一篇陳子昂的〈座右銘〉，文中有：「秦穆飲盜馬，楚客報絕纓」兩句，其典故何在？出自何書？及其文句之意作何解釋？（雲林讀者・仲彭）

答 **中山大學中文系教授張仁青**：這兩個典故均見於《文選》曹植〈求自試表〉：「臣聞明主使臣，不廢有罪。故奔北敗軍之將用，秦魯以成其功。絕纓盜馬之臣赦，楚趙以濟其難。」意謂一個聖明的國君必須心胸開闊，度量寬宏，廣羅天下英雄豪傑，以爲國用，即使有罪之人，亦應斟酌情形，予以原諒，使其日後感恩圖報，建立大功。惟「絕纓」之原始出處則分見於《說苑・復恩》及《韓詩外傳》卷七之十四。《說苑·復恩》云：

楚莊王賜羣臣酒，日暮酒酣，燈燭滅，乃有人引美人之衣者。美人援絕其冠纓，告王曰：「今者燭滅，有引妾衣者，妾援得其冠纓持之矣，趣火來上，視絕纓者。」王曰：「賜人酒，使醉失禮，奈何欲顯婦人之節而辱士乎？」乃命左右曰：「今日與寡人飲，不絕冠纓者不歡。」羣臣百有餘人，皆絕去其冠纓而上火，卒盡懽而罷。居二年，晉與楚戰，有一臣常在前，五合五獲甲首，卻敵，卒得勝之。莊王怪而問曰：「寡人德薄，又未嘗異子，子何故出死不疑如是？」對曰：「臣當死，往者醉失禮，王隱忍不暴而誅也。臣終不敢以蔭蔽之德，而不顯報王也。常願肝腦塗地，而頸血湔敵久矣。臣乃夜絕纓者也。」遂斥晉軍，楚得以强。此有陰德者，必有陽報也。

而「盜馬」之原始出處則分見於《呂氏春秋・愛士》、《淮南子・氾論訓》、《韓詩外傳》卷十之十二、《史記・秦本紀》、《說苑・復恩》。《說苑・復恩》云：

秦繆公嘗出而亡其駿馬，自往求之，見人已殺其馬，方共食其肉。繆公謂曰：「是吾駿馬也。」諸人皆懼而起，繆公曰：「吾聞食駿馬肉，不飲酒者殺人。」即以次飲之酒，殺馬者皆慚而去。居三年，晉攻秦繆公圍之。往時食馬肉者相謂曰：「可以出死，報食馬得酒之恩矣。」遂潰圍，繆公卒得以解難，勝晉，獲惠公以歸。此德出而福反也。

按：「繆」通「穆」，古書「穆」字多作「繆」。又按赦盜馬事乃秦國而非趙國，而曹文云趙國者，蓋以趙之先，與秦共祖，故互文以避上「秦」字也。詳見：《三國志・魏志・陳思王植傳》裴松之注及《文選》李善注。

成　語

——摘錄自《國文天地》七十六年十月號

「月照西鄉」典故、解釋爲何？

問

戊戌年八月，譚嗣同到日本使館見梁啓超，託付詩文辭稿本，臨別時說：「不有行者，無以圖將來；不有死者，無以酬聖主。今南海之生死未可卜，程嬰杵臼，月照西鄉，吾與足下分任之。」文中「月照西鄉」一詞作何解？有無典故？（臺南讀者・王穎）

答

政戰學校中文系副教授黃文吉：譚嗣同臨別時對梁啓超的這段話，他是抱著必死的決心，以報答光緒皇帝對變法維新派的知遇之恩，而勸梁啓超保存性命，以便將來有所作爲。其中他用了兩個典故，一是「程嬰杵臼」，一是「月照西鄉」。

春秋時，公孫杵臼選擇犧牲自己以保全趙氏孤兒，程嬰則承擔撫孤報仇重任，這是大家耳熟能詳的故事，不用多言。「月照西鄉」是東洋典故。「月照」（ホしすう，西元一八一三～一八五八年），日本僧人，俗姓玉井，初名宗久。父親業醫早逝，他在西元一八二七年出家，改名忍向。西元一八三五年爲京都清水寺成就院住持。當時幕府專政，對外無能，他抱有勤王之志，遊歷各地高倡尊王攘夷，結交不少志士，西鄉隆盛（さひごうたかもい，西元一八二七～一八七七年）就是其中之一。後來幕府爲了鎭壓這批尊攘派，便爆發了著名的「安政大獄」（安政五年七月～六年十月，西元一八五八～一八五九年），大舉捕殺異己。月照與西鄉一同逃往鹿兒島，但被薩摩藩拒絕收留，兩人一同投錦江灣自殺，結果月照溺死，西鄉獲救。西鄉經過一番奮鬥，後來成爲倒幕運動的中心人物，討幕戰爭他當東征大總督參謀。西元一八六八年，他交涉成功使江戶城兵不血刃地投降。明治新政府時，他首當參議，協助廢藩置縣。與大久保、木戶被稱爲「明治維新三傑」。

譚嗣同所以用這個典故，是自比作月照，而希望梁啓超像西鄉隆盛，忍辱負重，繼續努力變法維新的大業。「月照西鄉」與上句「程嬰杵臼」在修辭技巧上是屬於對仗的方式，一中一外的典故，相互輝映，顯得工整而貼切，這是中國文字巧妙的地方。

——摘錄自《國文天地》七十九年五月號

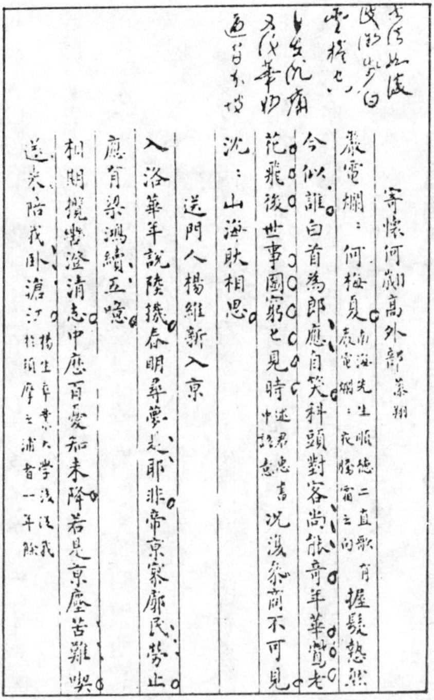
寄懷何翽高外部
飈電爛爛何梅貞，握髮慇懃今似誰。白首為郎應自笑，科頭對客尚能奇。年華蹉老花飛後，世事國窮亡見時。沈沈山海耿相思。
送門人楊維新入京
入洛華年説陸機，春明尋夢是耶非。帝京冢廓民勞止，應有梁鴻續五噫。
相期攬轡澄清志，中歲百憂知未降，若是京塵苦難娛，送來陪我卧滄江。

■梁啟超手跡，上有康有爲的眉批

〈與項秋子書〉一文中用典的疑問

問

敝人研讀吳錫麒〈與項秋子書〉云：「得手書，知天上石麟，已和彩雲一片，飛墜君家，想接武而起者，尚未有艾……」，茲將未明之處列於後，敬祈惠釋：

一、「天上石麟」，究係賀人得子之辭，抑或預祝友人之子將來有成之辭？

二、「接武而起者，尚未有艾」究何所指？（讀者・林詩俊）

答

臺灣師大國文系教授王關仕：一、「天上石麟」，為賀人生子的美詞。信中既云：「得手書，知天上石麟，已和彩雲一片，飛墜君家。」顯然項秋子的兒子已經出生了，乃寫信告知吳錫麒。吳氏回

解惑篇

信慶賀他獲佳兒。典實見《陳書・徐陵傳》：「（徐陵）母臧氏，嘗夢五色雲化而爲鳳，集左肩上，已而誕陵焉。時寶誌上人者，世稱其有道，陵年數歲，家人攜以候之。寶誌手摩其頂，曰：『天上石麒麟也。』」後世遂用爲對穎異小兒的讚語。吳氏信中，只是用這典實爲賀項氏生了兒子，不能說有「預祝友人之子將來有成就」的意思。

二、「想接武而起者，尚未有艾」是預祝項氏將連生佳兒的意思。《禮記・曲禮上》：「堂上接武」，鄭注：「武，迹也。」疏：「武，跡也，既不欲疾趨，故跡相接也。」武是步子，一步接一步行，（後足上前到前步一半以下處，再行。）「接武而起者」就是接著出生的（男嬰）。艾，止也。《左傳・昭公元年》：「國未艾也。」注：「艾，絕也。」所以「尚未有艾」即「還沒有止」，指祝項氏生此子後，將繼續會生男孩。

——摘錄自《國文天地》七十六年八月號

「龍門點額」的解釋

問

「龍門點額」，商務版《辭源》中解釋爲：「謂進士及第也」，但該書引述該辭來源的《埤雅》及《水經．河水》兩書原文，並看不出有「進士」、「及第」的含意，倒是在引述白居易〈辭別程秀才詩〉及〈故事成語考科第〉兩文中，明顯說明其意義與《辭源》所釋相反，再翻閱《中文大辭典》「龍門點額」一條，解釋與引述書目竟和《辭源》一字不差，是該兩書都解釋錯了呢？還是該辭確有兩種相反的解釋？

（讀者．王維楨）

答

東吳大學中研所教授劉兆祐：關於「龍門點額」一詞，《中文大辭典》解釋爲「謂進士及第也」，的確是錯了。

這個典故，出自《水經注》。該書（卷四）〈河水注〉說：

> 河水又南得鯉魚澗，歷澗東入窮溪首，便其源也。爾雅曰：鱣，鮪也。出鞏穴，三月，則上渡龍門，得渡，爲龍矣；否，則點額而還。

後人就每用這個典故，譬喻考試落第。所以這條詞的正確解釋是：「謂進士落第也」。讀者王維楨君讀書十分細心，令人敬佩。

從這個小小的問題上，我想順便提出王君沒看出的問題，那就是《辭源》和《中文大辭典》在引用文獻時，也都發生了錯誤。《辭源》在「點額」一詞上說：

> 〔水經注〕：「鯉魚三月上渡龍門，得渡爲龍，否則點額而還」。

而《中文大辭典》則是這樣說的：

〔水經·河水〕：河水又南得鯉魚。〔注〕《爾雅》曰：鱣，鮪也。出鞏穴，三月則上渡龍門，得渡爲龍矣，否則點額而還。

我們把這兩段文字，和我所引的《水經注》比較，可以明顯的發現幾個有趣的問題：

一、《辭源》所引的《水經注》，不是原文。删節得幾乎面目全非。

二、《中文大辭典》把《水經注》的「經」和「注」分別列出，但是，所引的「經」事實上是「注」。也就是說，它把「注」文誤分爲「經」、「注」兩部分了。同時，《中文大辭典》也删改了原文，也有誤奪的文字。

爲什麼會有這種差異的現象呢？原來前人在徵引文獻時，每有擅自增損的現象，所以這是我們不能不注意的地方。此外，《中文大辭典》把「注」文誤作「經」文，是根據明代錯誤的刻本，後來清代的戴震（東原），曾經根據《永樂大典》所著錄的《水經注》，做了詳細的校勘，這本戴氏所校的《水經注》，就是世界書局所據以排印的本子。可是《中文大辭典》的編者忽視了《水經注》的版本問題，仍然誤用了訛誤多達七千多字的明刊本《水經注》，以致引錯了！所以說，引用資料要用正確的善本。

如果我們再繼續追溯上去，我們又可以發現，《水經注》所引用《爾雅》的資料，和現在所流傳的《爾雅》有很大的不同，這又告訴我們一個現象：北魏酈道元所用的《爾雅》一書，顯然和現在所傳的《爾雅》，在內容上的詳略，頗有不同。這又說明了圖書經過久遠的年代，由於一再傳寫傳刻，內容會有改變，這也是讀書時不能不注意的地方。

所以，讀書如果仔細的看，可以挖掘出許許多多的問題來，一方面可以擴展知識，一方面可以增進讀書的興趣。

——摘錄自《國文天地》七十六年三月號

「齒如編貝」是形容美或醜？

問

南一書局出版的《國中超羣國文閱讀測驗》，有一篇選自《韓詩外傳》第九卷的短文（標題爲〈齊王嫁女〉）。文末的「齒如編貝」解釋爲：「牙齒好像蠁蟲編成的，形容其醜」，似乎和平常所見的用法不同。於是我查了《辭海》，上面解釋爲：「形容齒之美也。《漢書・東方朔傳》：目若懸珠，齒若編貝」（頁三四七六「編貝」條）和參考書解釋相反。不知「齒如編貝」做何解釋才正確？（臺北讀者・王達穎）

答

成功大學中文系教授張高評：有關「齒如編貝」的出典，和習慣用法涵意不同的問題，的確我們常用「齒如編貝」來形容牙齒潔白整齊。《漢書·東方朔傳》的「目若懸珠，齒若編貝」，也確實是指「牙齒之美」。其他，形容牙齒的美麗潔白，還有「齒如齊貝」（《莊子·盜跖》）、「齒如含貝」（《文選·登徒子好色賦》）、「齒如瓠犀」（《詩經·衞風·碩人》）等。貝，就是海螺，體色白晰，光潔如瓷器；瓠犀，就是瓠瓣，牙齒的潔白整齊似之，故詩賦文章拿來作比，一般習慣用法，也都指向這個含意。

至於《韓詩外傳》卷九載「齊王嫁醜女」，所引《傳》曰：「目如擗杏，齒如編貝」，當是指牙齒黃黑，垢斑點點而言，這除了勘驗《韓詩外傳》本文，屠牛吐推想齊王之女面貌醜惡，其友見之果醜；引《傳》曰：「目如擗杏」，形容眼睛像剖開的杏子，微小而泛黃。眼睛以大而圓、黑白分明爲美，齊王女兒的眼睛小而黃，當然不美。意義指向與通篇主題切合，都在寫「醜」字。因此，「齒如編貝」，也應該指牙齒不美。這裡的「貝」字，不是海貝海螺，應當依據朱亦棟校本作「蠜」。蠜，又叫知聲蟲，或地蛹，體形像蠶而略大。蠶初出時，身體黑黑像螞蟻；長大成蟲後，體微黃，有斑點。齞蟲既然像蠶，自然也就黃黑有斑點，用來比擬牙齒，當然就不是美齒，用來指涉人，也就不是美人了。

一個詞彙，產生截然相反的意義，以「齒如編貝」來說，有兩個原因：

第一，由於語意的變遷，像我們經常使用的成語：「朝三暮四」、「沈魚落雁」，就跟《莊子．齊物論》裡的原意不同，這是由於約定俗成所致。「齒如編貝」有美醜二個含義，也就不足爲怪。

第二，是由於譬喻的指向，容易產生歧意。譬喻修辭法，是建立在心理學類化作用的基礎上：比喻的事物和被比喻的對象間，本質上不妨相異，但彼此間必須有維妙維肖的類似點。形容美齒美人，是取齒與貝「潔白整齊」的類似點；形容惡齒醜女，卻是取齒與齞「黃黑斑點」的共同特色，所以含意才差別如此大。

——摘錄自《國文天地》七十六年十二月號

「山窮水盡」、「柳暗花明」的出處

問 很早以前，也不記得是在報紙、雜誌或是書本有這樣的詩句：「山窮水盡疑無路，峯迴路轉□□□」。記得好像是形容長江水路的形勢。民國二十七年十一、二月間，我從沙市乘同德兵艦經宜昌赴巴東途中的西陵峽中曾經看到此種形勢：西陵峽兩岸高山夾峙，左岸（南岸）更高更筆直，長江之水流經山縫中，有一處向前看也是高山，形勢是L形，心想長江怎麼已到盡頭？溯江而上長江是由東向西行，及至到了前面的那山下，長江是向右轉了，即向北去了，這時才解除了這個迷惑。長江不是到了盡頭，而是到了好像盡頭那裡向右轉了，向北去了。我覺得那「山窮水盡疑無路，峯迴路轉□□□」正是形容那個地方的形勢，但怎麼也想不起下面的三個字，那裡也查不到。到底有無如此的詩句，或是我在記憶上發生了錯覺？

答

（花蓮讀者・王景華）

臺灣師大國文系講師陳文華：王先生提到的詩句，出處應是陸游的一首七言律詩：〈遊山西村〉。原詩是：

莫笑農家臘酒渾，豐年留客足雞豚。
山重水複疑無路，柳暗花明又一村。
簫鼓追隨春社近，衣冠簡樸古風存。
從今若許閒乘月，拄杖無時夜叩門。

因此，我們可以肯定王先生寫出來的與原句顯有出入：「山窮水盡」應屬「山重水複」之誤（現在一般人引用時也常觸此誤）；底下一句也不是什麼「峯迴路轉」，所以也無法幫它湊上三個字以還歸原句了。王先生可能是誤記，也可能是受到不確實資料的誤導而造成此一困擾。

解惑篇

又一般箋註者都認爲此詩是陸游四十三歲，貶居故鄉山陰時所作的。山西村是山陰的一個村莊，三、四兩句便是寫遊村時的路上景色，我們現在喜歡引用這兩句譬喻事情有轉機、有新局面，這是原典的轉化借用，應與原詩本義無關，而山陰在現今的浙江紹興縣，就地理上說，當然也與長江水勢毫無牽涉。

——摘錄自《國文天地》七十四年八月號

問

最近閱讀黃永武教授著《抒情詩葉》最後一篇〈希望〉引彭汝礪〈山村即事〉詩有：「山重水複疑無路，柳暗花明又一村」兩句，使我聯想到《國文天地》第三期〈解惑篇〉中陳文華教授答覆詩者的問題，提到這兩句詩出自陸游的〈遊山西村〉詩，到底哪一說正確？

又彭汝礪〈山村即事〉的原詩是否和陸游的〈遊山西村〉一樣，只是作者被後人搞錯了。或者是陸游承襲了彭汝礪的詩句？會不會陸游根本並未見到彭汝礪的詩，只是見到的景致相同，詩人有了共同的機杼？（澎湖讀者・趙源發）

答

臺灣師大國文系講師陳文華：就文獻的紀錄看，這兩句詩出現的情況是這樣的：

一、在題爲宋代陳思所編、元代陳思隆所補的《兩宋名賢小集》卷一百十三，收有彭汝礪的作品，裡頭〈山村即事〉一詩，三、四句便是這兩句；

二、陸游《劍南詩稿》卷一的〈遊山西村〉詩，頷聯部分也與這兩句完全相合。而陸游此作，歷來選本都往往加以收錄。譬如比陸游稍晚的羅椅（寶祐四年進士）曾選了一部陸游的詩——《澗谷精選陸放翁詩集》，在前集卷五裡，便有這一篇作品。

假若以上的記載確眞，那麼，我們可以說，這兩句詩是一種「互見」的現象。但彭、陸兩作題目不同、體裁亦異（一爲絕句、一爲律詩），基本上是兩首不同的作品，所以我們不能說是「主名」互見，而只能說是句子的互見。這在古人的作品中，也是迭有顯例的。譬如：「落花人獨立，微雨燕雙飛」，一般都認爲是晏幾道〈臨江仙〉裡的名句，卻不知在唐末翁宏的一首五律〈春殘〉裡，這兩句早經出現。何以如此，承襲的可能性應該是有的。陸游生當南渡之後（西元一一二五～一二〇九年），而彭汝礪則身處北宋之世（西元一〇四一～一〇九四年），而句子又纖毫無差，若說陸游未曾見過彭作，應該不太可能。

但我們也注意到了陸詩實勝於彭作，彭詩全篇是：

莫笑農家老酒尊，豐年留客是雞豚。

山重水複疑無路，柳暗花明又一村。

我們看它一二與三四之間，似乎有被攔腰斬截的感覺，整個作品顯得並不完整。而陸作是一首律詩，有了後半篇的輔助，再加上題目是「遊」山西村，所以三四句就不顯突兀，可以解為遊村時的路上風景。同時因為我們知道他是到鄰村去作客，所以第二句的「留客」也有了著落；不像彭詩的「客」字，我們實在弄不清楚到底是他在作客，還是做主人。因此，陸游雖承用了前人句子，但顯

成　語

然有青藍之別，所以一般宋詩選本，往往都只選陸詩而不選彭作，而這兩句的作者，也就歸到陸游分上了。這就像前引的落花、微雨兩句，就整篇看，因爲晏勝於翁，所以翁詩沒沒無聞，晏作反而喧騰衆口。

以上是在資料來源確然可信的狀況下，我們所能作的解釋。但彭作是否可信，似乎還有待深思。這是因爲認定彭作的唯一紀錄，只出現於《兩宋名賢小集》裡，而此書雖託名爲宋人陳思所編，但據《四庫提要》的考證，並不足採信，乃是朱彝尊之後的清人掇拾而成。《提要》雖稱：「編詩之人雖出贋託，而所編之詩則非贋託。」但爲時既晚，就彭詩而論，在作品的完整性不夠的情況下，實在很難保證不是後人把刪削過的陸詩羼入彭集中。更何況彭汝礪現在還存有一部詩集——《鄱陽集》，在一共十二卷的作品裡，竟未收此詩，就更讓人懷疑此詩的可靠性。

——摘錄自《國文天地》七十五年四月號

「美輪美奐」？還是「美侖美奐」？

問 「美ㄌㄨㄣˊ美奐」之ㄌㄨㄣˊ，應作「輪」或是「侖」？（臺北讀者．黃炫敏）

答 臺中師院語教系教授王明通：《禮記．檀弓》有一段文記載：春秋時代，晉國的趙文子蓋了一棟新屋，落成的時候，晉國國君向他道賀，晉國的大夫們也都紛紛前往祝賀。其中一位叫張老的說：「好美啊！房子是如此的高大寬敞！好美啊！房子是這般的富麗堂皇！」這段文字的原文是這樣的：

晉獻文子成室，晉大夫發焉。張老曰：「美哉輪焉！美哉奐焉！」

鄭玄注：「心識其奢也。輪，輪囷，言高大；奐，言衆多。」

依原文可知：「美輪美奐」一語是源自《禮記．檀弓》。它是在新屋落成的時候，用來稱讚屋子的高大華麗的。有時省言成「輪奐」一詞，意思也是一樣。

「輪奐」，也有作「淪渙」詞。朱駿聲《說文通訓定聲》屯部第十五：「輪，又爲淪。《禮記．檀弓》：『美哉輪焉』，按，淪渙皆以水波有文章喻也。注輪囷，言高大、失之。」就是持這種看法。

至於「美侖美奐」一語，不見出處。「侖」字，義作「思」字解釋，等於白話的「想」字。《說文解字》：「侖，思也。从亼从冊。」段注：「聚集簡冊，必依其次第求其文理也。」就是這個說法。「侖」字也作「圇渾」解。《集韻》：「侖，昆侖、天形」。《正字通》：「凡物之圓渾者曰昆侖。」就是作此解釋。

依此，用「侖」字構成的「美侖美奐」一詞，意極難解，顯然不適用在新屋落成時的賀詞。今人常把它題在扁額，賀人新屋落成，原因或許是受到「奐」字沒有偏旁的影響，而造成形變？或許是一般人對「輪」字意義，沒有深察，以爲只有作「車輪」解釋，而逕自改字，所造成的錯誤？或是某些人受「輪」、「侖」聲同義可相通觀念的誘導，於是「輪」字去掉「車」旁，以示詞義的典雅古奧？

總之，不論何種說辭，我們認爲要來稱讚人新屋的高大華美，仍然以持之有故的「美輪美奐」一語爲妥。

又：《國文天地．第六期》頁五十三萬愛珍先生文中對「美輪美奐」有詳盡解說，讀者可以參閱。

——摘錄自《國文天地》七十六年十二月號

「乃必有偶」的解釋

問

《國語・越語》：「越王勾踐棲於會稽之上，……大夫種乃獻謀曰……遂使之行成於吳，曰：『……將以致死，乃必有偶，是以帶甲萬人以事君也』」。請問「乃必有偶」四字，應作何解釋？（永和讀者・陶芳辰）

答

政治大學中研所教授羅宗濤：《國語・越語上》云：「……遂使之（大夫種）行成於吳，曰：『……若以越國之罪爲不可赦也，將焚宗廟，繫妻孥，沈金玉於江，有帶甲五千人，將以致死，乃必有偶，是帶甲萬人事君也。無乃即傷君王之所愛乎？』」

「乃必有偶」一語，常見的有兩種說法：

其一，意思是拚命戰鬥，一人必有兩人之用；

其二，是指五千戰士作殊死戰，一人可拚吳軍一人，所以說「有偶」。

再看《史記．越王勾踐世家》云：「……不幸不赦，勾踐將盡殺其妻子，燔其寶器，悉五千人觸戰，必有當也。」《索隱》云：「言悉五千人觸戰，或有能當吳兵者。故《國語》作『耦』，耦，亦相當對之名。又下文云：『無乃傷君王所愛乎？』是有當則傷也。」觀此，則第二說爲長。

——摘錄自《國文天地》八十一年元月號

「無時無刻」是否合適？

問

在高中國文考卷上看到這樣的題目：「某某同學爲了名登金榜，所以他□□□□不斷地在苦讀。」缺空的詞語可以是：(A)日以繼夜(B)切齒腐心(C)無時無刻(D)焚膏繼晷(E)得過且過，答案爲A、C、D，請問其中C無時無刻是否合適？有無語病？（臺北讀者・陳世玫）

答

清華大學中語系副教授呂正惠：此句填入「無時無刻」確有語病。「無時無刻」之後應該再用一個否定詞，雙重否定等於肯定，如：「無時無刻不用功讀書」、「無時無刻不在想念你」都是。此句「不斷地在苦讀」是肯定語，所以填入否定的「無時無刻」，就會產生語病。

——摘錄自《國文天地》七十五年六月號

「無時無刻」與「時時刻刻」的用法

問

「我無時無刻不在努力讀書」和「我無時無刻都在努力讀書」，那個句子是正確的？

又「無時無刻」與「時時刻刻」應該如何使用？（臺中讀者・呂麗枝）

答

高雄師大國研所教授何淑貞：「無時無刻」與「時時刻刻」雖然表意相通，但由於造語結構不同，故用法各異。

來信所提「我無時無刻不在努力讀書」句，用了雙重否定的副語來表肯定，句構完全正確。

至於「我無時無刻都在努力讀書」句，錯在用了概括副語

「都」在「無時無刻」之後，「都」字這個概括之詞，所概括的對象應該放在它的前面，「無時無刻」無可概括，所以其後不能接「都」，如果要用「都」這副語，應該說成：「我時時刻刻都在努力讀書」才對。

——摘錄自《國文天地》七十八年十月號

「不可理喻」的用法

問　可不可以用「不可理喻」造出下列句子：「文明社會竟會發生這種事情，眞是不可理喻。」（臺北讀者．林明發）

答　**政治大學中文系教授黃志民**：「不可理喻」是無法以理使對方明白（諭），通常指對方不講理。使用此詞，我是主動，對方是被動，中間必有一番溝通的過程。「文明社會竟會發生這種事情，眞是不可理喻」，「發生這種事情」應不是我的主動，而事情發生前，我與對方是否有過溝通，語意並不明確，所以上述話語的「不可理喻」，恐怕應使用「不可思議」。

——摘錄自《國文天地》七十七年八月號

「荀龍」、「薛鳳」兩典故的由來

問　許湄〈賀沈一齋得子〉：「他年或爲荀氏之龍，或作薛家之鳳，胥於此卜之矣。」這兩個典故作何解釋？（臺北讀者．陳宏謨）

答　**臺灣師大博士張仁青**：「荀氏之龍」見於《後漢書．荀淑傳》、張璠《後漢紀》、《世說新語．品藻》注引《逸士傳》及《小學紺珠．氏族類》八龍條。東漢潁川人荀淑有子八人，儉字伯慈、緄字仲慈、靖字叔慈、燾字慈光、汪字孟慈、爽字慈明、肅字敬慈、專字幼慈，並擅盛名，時人稱爲荀氏八龍，亦稱八慈。後稱有才望的人爲八龍。

「薛家之鳳」見於《舊唐書．薛收傳》。康蒲州汾陰人薛收少與族兄薛德音、從兄子薛元敬俱有文才，時人謂之河東三鳳。後稱有才華的人爲三鳳。

按：本文爲許淯著《秋水軒尺牘》之一篇，《秋水軒尺牘》與龔未齋著《雪鴻軒尺牘》（二書均由臺北市文化圖書公司印行）並稱清代尺牘雙璧，數百年來，凡是祕書人員，無不置諸案頭，作爲臨文之助。由於許、龔二氏長期身居蓮幕，屬詞雅潔，其書故能廣泛流行，至今不衰。

——摘錄自《國文天地》七十五年五月號

「凡事豫則立」的意義爲何？

問

曾記得《論語》內有一句：「凡事豫則立，不豫則廢」其意義爲何？我所寫的是否有錯？上句在《論語》何篇？何章？（桃園讀者．劉維瀛）

答

成功大學中文系教授唐亦男：「凡事豫則立，不豫則廢」不是出於《論語》，而是出自《中庸》第二十章。朱注：「豫，素定也」，即事前準備之意。以上兩句是說：任何事情預先有準備就會成功，沒有準備就會失敗。下文並舉例曰：「言前定，則不跲；事前定，則不困；行前定，則不疚；道前定，則不窮。」總之，無論言行舉止，或做人做事的道理，如果在事前能早作準備「未雨綢繆」，或「三思而後行」，就不會遭遇困難，也不會由於疏忽而事後反悔。

老子也有同樣教人處理事情的方法，《道德經》六十四章謂：「爲之於未有，治之於未亂。合抱之木生於毫末，九層之臺起於累土，千里之行始於足下。」即在强調「愼始」的重要，因爲「好的開始是成功的一半」，可不愼乎?!

試看《莊子．逍遙遊》描述大鵬鳥的高飛舉動，曾引起地面蜩與學鳩的譏笑，認爲太費時費事，而被莊子斥爲「無知」。因爲「適莽蒼者，三餐而反，腹猶果然；適百里者宿舂糧，適千里者三月聚糧」。所要達到的目標理想越高遠，所要做的準備工作就越縝密周詳，否則只能像蜩與學鳩般翱翔於蓬蒿之間，而無法像大鵬鳥一樣在九萬里以上的太空逍遙。

——摘錄自《國文天地》七十五年元月號

「千秋師弟美雙盧」典出何處？

問

〈傳統文學式微了？〉文中所引「千秋師弟美雙盧」，典出何處？其意思爲何？又究竟陸贄寫了什麼赦制，而使士卒感泣，叛將服罪呢？能否稍作說明？（臺大讀者．沈耀程）

答

淡江大學中文系教授陳慶煌：「千秋師弟美雙盧」句，語出劉季洪資政輓盧聲伯師聯：「爽氣挹清江，匡我獨多，一室琴書輝四照；故交懷冀野，傷君繼逝，千秋師弟美雙盧。」（見政大《中華學苑》第二十期〈盧元駿先生哀思錄〉頁二十九）係謂爲人師及爲弟子者，能如金陵盧冀野與清江盧聲伯這樣的千秋風義，殊足稱美。

又陸贄所寫即〈奉天改元大赦制〉（見《翰苑集》卷一）。蓋唐德

解惑篇

宗建中四年十月，涇陽節度使姚令言與前涇陽軍統帥朱泚興兵倡亂，大舉進犯京師長安，帝倉皇自苑北門出幸奉天。十一月，泚引叛軍圍奉天，危殆已極，而羣臣猶奏請加尊號以應厄運。陸贄謂：「尊號之興，本非古制。行乎安泰之日，已累謙沖；襲乎喪亂之時，尤傷事體。」帝納其言，於是祇改年號；及出中書所撰赦文以示贄，贄復謂：「動人以言，所感已淺；言又不切，人誰肯懷？」因而別作詔書（此即名震寰宇之〈奉天改元大赦制〉），悔過引咎，頒行天下。於是朝野振奮，敵愾同仇，不久朔方節度使李懷光起勤王之師來救，敗泚於澧泉，泚懼而遁歸長安，奉天之圍始解，遂改建中五年爲興元元年。

全文二千餘字，舒卷自如，一氣呵成，無斧鑿痕迹。篇中所列，如：「長於深宮之中，暗於經國之務。」、「不知稼穡之艱難，不察征成之勞苦。」、「天譴於上而朕不悟，人怨於下而朕不知。」、「萬品失序，九廟震驚；上辱於祖宗，下負於黎庶。」、「朕實不君，人則何罪？」在在皆從肺腑中流出，眞摯剴切，感人實深，宜乎當日行在詔書一下，雖驕將悍卒，無不激動涕零。

——摘錄自《國文天地》七十五年八月號

「當仁，不讓於師」的句讀爲何？

問

《論語》十五篇：「當仁不讓於師」（《論語別裁》，老古文化出版），「當仁，不讓於師」（《論語今註今譯》，商務出版），「當仁不讓」（通常生活中常聽見的一句話），其眞僞如何？（讀者·李宏志）

答

臺灣師大國文系教授邱德修：一、子曰：「當仁不讓於師」一章，典出《論語·衞靈公》第十五之卅六章。《論語別裁》的句讀作「當仁不讓於師」；《論語今註今譯》的句讀是「當仁，不讓於師」。今試就孔子的語義加以分析，恐以《今註今譯》的句讀爲然。蓋孔子力主以仁爲己任，平日教育弟子，莫不以行仁之急相勸勉。本章就是以此主義，揭櫫於世，希望弟子們身體力行。揆諸古禮，有弟子禮讓老師之法，在《三禮》諸書中詳細地記載著。一言以蔽之，凡弟子爲事理當讓於師。此其中，唯獨當行仁之事，不必禮讓於他的老師。試將本章語譯成白話，或有助於讀者的瞭解：

孔子說：「面臨著仁義的時候，就是當著老師面前，也可不必同他謙讓了。」

二、時至今日，「當仁不讓」這一句成語，是根據《論語》而來的。它的意思是說：「凡事謙遜，唯遇行仁的事，該勇往直前，自己承當」（見周何教授主編《國語活用辭典》）。即今而言，以白話文釋之爲：「指遇到應該做的事，就要勇敢地承擔起來，決不推讓。」

本詞與「義不容辭」都有碰到正義之事，不辭讓，不推托的意思，但彼此有別：「當仁不讓」是偏重在積極主動去做。「義不容辭」的重點是著重在道義上不容推辭、拒絕，含有消極的意義；多用於任務、義務、責任、職責、工作等名詞之後。「當仁不讓」卻不受此限。

本詞又與「義無反顧」都含有「正義的事情，積極去做，不退縮」的意思，但區別在於：「義無反顧」是從道義上著眼的，偏重於按道義（理性的）不容許猶豫、退縮；「當仁不讓」是從情理上著眼的，偏重於按情理（感性的）應該勇於承擔，積極主動努力去做。「義無反顧」的都是合乎正義、正當、合理的事情；「當仁不讓」的都是應該做的、合乎情理的事情。

三、綜合以上的分析，知道「當仁不讓」係典出《論語．衞靈公》的「當仁，不讓於師」而來的成語。至於它的原意是「爲了仁，不謙讓」；引申之，現指遇到應該做的事，就勇敢地、理所當然地承擔起來，決不推讓。

——摘錄自《國文天地》七十六年十一月號

「硜硜自守」爲稱許詞，或貶抑詞？

問 「硜硜自守」究竟爲稱許之詞，或貶抑之詞？

（讀者．劉奕成）

答 **新竹師院語教系教授李周龍**：「硜硜自守」，語本《論語．憲問》：「鄙哉硜硜乎。」《論語．子路》：「硜硜然小人哉。」何晏《集解》引鄭玄之說云：「硜硜者，小人之貌也。」皇侃疏云：「硜硜，堅實難移之貌也」。劉寶楠《論語正義》云：「硜硜，堅確之意，小人賦性愚固，故有此貌。」此爲《論語》「硜硜」二字之義也。逮乎西漢，桓寬撰《鹽鐵論》一書，於〈論儒〉引作「硜硜然守一道。」亦以自守一道爲固陋，取義與《論語》同。據此以觀，則其爲貶抑之詞也明矣。

——摘錄自《國文天地》七十七年二月號

「强自取柱，柔自取束」的解釋

問　《荀子・勸學》：「强自取柱，柔自取束」作何解？（新竹讀者・林明之）

答　**臺灣師大國文系教授戴璉璋**：王念孫《讀書雜志》說：「强自取柱，柔自取束。楊注曰：『凡物强則以爲柱而任勞，柔自見束而約急，皆其自取也。』引之曰：『楊說强自取柱之意甚迂。柱與束相對爲文，則柱非謂屋柱之柱也。柱當讀爲祝。哀公十四年《公羊傳》：「天祝予」，十三年《穀梁傳》：「祝髮文身」，何、范注竝曰：「祝，斷也。」此言物强則自取斷折，所謂太剛則折也。《大戴記》作「强自取折」是其明證矣。《南山經》：「招搖之山有草焉，其名曰祝餘。」「祝餘」或作「柱茶」。是「祝」與「柱」通也。(祝之通作柱，猶注之通作祝。)《周官》:「瘍醫祝藥」，鄭注曰:「祝當爲注，聲之誤也。」

按:從句法上看，王說比楊注合理。依照王氏的意思，「强自取柱，柔自取束」這兩句是說:天下的東西，太剛强了就會招致折損，太柔弱了就會受到束縛。

——摘錄自《國文天地》八十年四月號

「豁然開朗」的詞性

問

國中第一冊國文課本中有「豁然開朗」一詞，其中「朗」字課本書寫成「朗」，但吾平常所寫均寫「朗」，查諸字典，各有所不同，如五南所出版之辭典則二種字形均有之，不知何者為是？又，「豁然開朗」的適用範圍如何？（讀者．吳美慧）

答

臺灣師大國文系副教授邱德修：關於「豁然開朗」一詞，可以分幾方面來談，茲論述如下，以供參考：

我們想要瞭解一句成語的意思，首先必須認識該成語的結構，就拿「豁然開朗」來說，它是由「豁然」和「開朗」兩組詞組結合而成，試將其結構形式列表如左，以清眉目：

開朗 v.（動詞）
豁然 adv.（副詞）

在整個結構形式來看，「豁然」這個詞組是作副詞用，而「開朗」則是作「動詞」用，以副詞「豁然」來修飾動詞「開朗」，因而組合而成的「豁然開朗」的成語。

其次，本成語可能最早出現在陶淵明的〈桃花源記〉上，記文說：「初極狹，才通人；復行數十步，豁然開朗。」就通篇文意來說，淵明是藉「豁然開朗」一字來白描突顯眼前的景象，純粹是在寫景；但古人著重在情景交融，寫景正所以寫情，由於景象之開朗，也自然導致心境的開朗。關於這一層意境是容易被人瞭解的。結合前文的文法解析，和本段的文意，我們可以將「豁然」剖析作「開闊軒敞明亮的樣子」，把「開朗」解釋作「開闊明亮，毫無遮蔽」的意思。

當然「豁然開朗」一詞並不限於上述的意思，具體而言它含有三層意義在：

一、形容（環境或景象）從狹隘、幽暗一變而成開闊明亮，例如：

㈠「從狹窄的鋪面進去……豁然開朗，在三面圍牆之間，竟有一塊曠地，平坦開闊，視野良好。」

㈡「就在這茫茫無際的黑暗裡，他眼前豁然開朗，他看見了黎明前的點點晨星和東方一大片曙光。」

二、形容（人的心胸）突然轉爲開闊或（情況、表情等）一下子轉爲開朗，例如：

㈠「如今一到這康莊大道上，她感到心情豁然開朗。」

㈡「他那强而有力的演說，說得大夥兒的臉色都豁然開朗。」

三、比喻突然明白了一個道理，例如：「她的心思豁然開朗，她什麼都明白了。」

根據以上的剖析，本詞既可形容環境或景象，又可修飾人的心胸或表情，也可以描寫人之心智的恍然大悟。由是可知，它的使用範圍相當廣泛，用處不少呢！

至於本詞和「恍然大悟」都可表示「一下子明白過來」的意思，但是無論在語義上、使用上都有區別：

一、「豁然開朗」是比喻性的，「恍然大悟」是直陳性的；

二、「恍然大悟」常修飾「說」等動詞，但「豁然開朗」卻罕見這種用例；

三、「豁然開朗」的形容對象較偏重在某人的「心態、思想、頭腦」方面，「恍然大悟」一般不這樣使用；

四、「豁然開朗」的第一義和第二義（詳前），跟「恍然大悟」區別很明顯，更直接地說「豁然開朗」語義涵蓋的範圍大於「恍然大悟」。

本詞和「豁然貫通」也有不同，「豁然開朗」著重在「開朗」，而開朗可以修飾環境、景象、心胸、表情以及人的心靈領悟等方面；「豁然貫通」偏重在「貫通」，强調人對某一事物或道理的通曉領悟，而不能用它來修飾環境、景象、心胸、表情方面。由此可見，「豁然貫通」與「豁然開朗」，在文意上是有區別，所以使用它們時要格外小心謹慎才好。有關成語的解析，可參考周何教授主編的五南《國語活用詞典》，不在此多費筆墨。

「開朗」的「朗」，又寫作「朗」的問題，簡單地說，今天通行的楷書字（包括印刷體在內）都是由於「篆隸之變」而來。「篆隸之變」最大的特色是將漢字由屈圓的文字結構變成了方直，但此一變化也大大地改變中國文字的「原貌」。此其中，「朗」之或作「朗」的現象也是在這個大環境下的產物，根據許慎的《說文解字》「朗」本作「朖」是「从月，良聲」。再查《說文》「良」是「从畗省，亾聲」。篆隸之變時往往將「亾」隸定成「亡」的形狀，例如「喪」字也是从「亾」，隸定後即从「亡」作「喪」；「良」字既然从「亾」，自然隸定後就寫作「良」了。但是中國文字除了講究形體的「眞」外，還要講究結構的「美」，所以用「良」作偏旁時就將原有七劃的「良」省作六劃的「艮」，用來符合形體結構美的原則，例如：朗、廊……等字，即是其例。這個現象，與「食」

解惑篇

字相似，「食」字本是九筆，但用作偏旁時只有八畫作「𩙿」，例如：蝕、餓……等等，即是其例。又如「皀」字本是六畫，用作偏旁時，即成了五筆，例如：簋即、即……等，即是其例。

《國語活用詞典》中，有「朗」、「朗」二形並存的現象，並非原著有誤，而是該書係用電腦排版，電腦之軟體為「朗」、「朗」二形共有並用，於是出現了這種局面，敬請讀者見諒。

■說文解字書影

■漢　白石神居碑

■晉　徐夫人菅洛碑

■元　趙孟頫

——摘錄自《國文天地》七十七年六月號

「版蕩識誠臣」的謬誤

問 一、《唐書》中之句子係「疾風知勁草，板蕩識忠臣」或者「識忠貞」？

二、是「振衰起敝」或「振敝起衰」？

三、是「隨波逐流，旅進旅退」或「屢進屢退」？（讀者・劉奕成）

答 淡江大學中文系教授莊雅州：一、「疾風知勁草，版蕩識誠臣。」見於《新・舊唐書・蕭瑀傳》，是唐太宗賜蕭瑀的兩句詩。可能由於「誠臣」一詞不常用，而古人引書又常憑記憶，有時難免有意無意之間與原文有所出入，如《佩文韻府》引作「板蕩識忠臣」即是一例。

二、「振衰起敝」是一個常見的成語，唯一般成語辭典及有關的工具書均未收錄。想必是由「振起衰敝」錯綜而成，所以不作「振敝起衰」。

三、《國語・越語上》：「欲其旅進旅退，進則思賞，退則思刑。」韋昭注：「旅，俱也。」旅進旅退是隨著衆人同進同退的意思，不作「屢進屢退」，與「隨波逐流」連用，其意益明。

——摘錄自《國文天地》七十七年三月號

「跳入黃河也洗不清」的意義

問

「跳入黃河也洗不清」其中「也」字是否爲虛字無意義？若有意義，該如何解釋？因爲該句是指事情繁複很難釐清，即使用再乾淨的水也無法洗滌，澄清事實。而黃河之水混濁不清，衆所週知。如果用來去汚除垢，反而會愈洗愈髒，越描越黑。所以向人說：「跳入黃河洗不清」應該有同情或勸人不用再費心辯解之意。（臺北讀者．楊禮義）

答

東吳大學中文系教授王國良：「跳入黃河也洗不清」一句，事實上是「即使（縱使、就是）跳入黃河也洗不清」的簡化。根據許世瑛《中國文法講話》（民國五十七年九月，臺灣開明書店，修訂初版）

第十二章、呂淑湘《中國文法要略》（民國六十四年九月，臺北文史哲出版社，影印再版）第二十三章的說法，這屬於擒縱句法裡的縱予句，不過卻省略了句中的關係詞——即使（就是……）。其中，「也」字是副詞性連詞，既不可省略，也非無意義的虛字。例如文康《兒女英雄傳》第二十二回：「我何玉鳳這個心迹，大約說破了嘴也沒人信，跳在黃河也洗不清。可就完了我何玉鳳的身分了。這便如何是好？」

邱崇丙《俗語五千條》（民國七十二年七月，陝西人民出版社）頁五二四，載「跳下黃河洗不清」一條，他解釋說：「黃河水是混的。借指：無法分辨，洗不掉恥辱。」這跟楊先生的意思比較接近。邱氏引老舍《駱駝祥子》第十二章：「高媽知道他到王家來，要是夜間丟了東西，是他也得是他，不是他也得是他！……眞要是在這一夜裡丟了東西，自己跳到黃河也洗不清。」一段作例證。從上下文意來看，末句强調的是黃河水之强大，仍然沖刷不走他的嫌疑，似乎並不在意河水的混濁與否。

另外，梁容若《山東諺語集》（民國六十三年十一月，臺北天一出版社，影印再版）頁三十三，收錄「跳入黃河洗不清」一條，未加解說。也許北方人，特別是山東老鄉，習見黃河大水，便取為譬喻對象，根本不考慮它的清濁吧！

——摘錄自《國文天地》七十八年十一月號

「生民塗炭」與「百姓困苦」的詞性

問

「生民塗炭」是「比喻」百姓困苦，或是「形容」百姓困苦，抑或「引申」百姓困苦，那一種用法適當？各該如何正確使用？（臺北讀者·潘美珠）

答

臺灣師大國文系教授許錟輝：比喻、形容、引申三者有時都可用來描述事物，但三者之間不盡相同。

比喻是借彼喻此的一種修辭法則，又稱譬喻。通常比喻由喻體、喻依、喻詞三部分配合而成。所謂喻體，是指所要說明的事物主體。所謂喻依，是指用來比方說明此一主體事物的另一事物。所謂喻詞，是指聯接喻體和喻依的語詞。喻體、喻詞有時可以省略或

成　語

改變，所以也就有明喻、隱喻、略喻、借喻等的區分。一般來說，喻依和喻體之間，要有相當程度的類似關係，卻又不能近似到是同一事物或同類事物，譬如李白〈清平調〉：「名花傾國兩相歡」，「名花」是指牡丹，但是我們不宜說成比喻牡丹。

形容是描繪或刻劃某一事物的方法。譬如「花」，我們可用「名」去形容它的出色程度。而「名花」一詞，有時我們用來比喻出色的女性，如「名花有主」，卻並非直接用「名花」去形容某位出色的女性。可見形容和比喻，是有分別的。比喻在指明所要描繪刻劃的某一事物，而不是直接描繪此一事物。比喻有時也在指明所要描繪的某一事物的含義，譬如：「歲寒然後知松柏之後彫」，即在指明「歲寒」比喻亂世，「松柏後彫」比喻君子守正不阿。我們可以說：「歲寒然後知松柏之後彫」，在比喻亂世然後知君子之守正，卻不宜說成在形容亂世君子之守正。然而，比喻和形容，有時卻也是分不清的，譬如「一瀉千里」，它是形容水流奔騰直下，我們可以說它在形容文章氣勢的奔騰暢達，也可說它在比喻文章氣勢的奔騰暢達。

引申是推廣、擴大的意思。在文字上有所謂「引申義」，是由本義而推廣擴大的。在詞語上，同樣也可以引申。譬如「南面」一詞，本是指古代帝王接待羣臣僚屬時坐北朝南的方位，後世泛指帝王的統治。這是由君王坐的方位引申爲君王統治之義。但是我們如果說成形容君王的統治，或是比喻君王的統治，都不適宜。

以上對比喻、形容、引申作了簡單的說明和比較。現在我們再看「生民塗炭」一詞。塗是汙泥，炭謂炭火。「生民塗炭」意謂人民處於汙泥與炭火之中，這是形容百姓生活的困苦，說成引申爲百姓生活困苦，也還適當，至於說成比喻百姓生活困苦，就不適宜，因爲生民即是百姓，比喻是不宜用同一事物來相比的。

——摘錄自《國文天地》七十九年十月號

釋「禮失而求之野」

問　本人有一問題擬就教於貴社：《漢書・藝文志》中引仲尼之語，曰：「禮失而求之野」請釋其義。（臺北讀者・陳宗慶）

答　**東吳大學中研所教授劉兆祐**：這段文字，是出自《漢書・藝文志・諸子略》的「總序」。唐代顏師古的注說：「言都邑失禮，則於外野求之，亦將有獲。」意思是說，一些在都市裡已見不到的禮俗，仍可在鄉下見到。這句話可引申爲：在國內已見不到的早期習俗或文物禮制，仍然在海外可獲得，譬如日本和韓國，仍保有唐宋的習俗，海外華僑社會仍保有明清的禮俗，這些現象，都可以用「禮失而求之野」來形容。

——摘錄自《國文天地》八十年二月號

何謂「上律天時，下襲水土」？

問

《中庸．三十章》說：「上律天時，下襲水土。」、「小德川流，大德敦化。」是什麼意思？（讀者．林明發）

答

清華大學中語系副教授林聰舜：「上律天時，下襲水土」指孔子取法天地之道。這句話可以從兩個方向解釋，一是指聖人（孔子）的制作，鄭玄採用此一解釋；另一是指孔子的德性生命，朱熹及近人牟宗三採用此一解釋。兩說皆可通。

「小德川流，大德敦化」句，小德、大德都是天地之道的表現，也是孔子之德的呈現（若「上律天時，下襲水土」採用鄭玄的解釋，則此句應解為：小德、大德都是聖人的制作所表現的功用。）「小德川流」指小德如川流之太息，「大德敦化」指大德之偏潤萬物、化育萬物。

■孔子像

爲方便讀者瞭解此段文字，茲錄《中庸．三十章》全文如下：

仲尼祖述堯舜，憲章文武，上律天時，下襲水土。譬如

解惑篇

天地之無不持載，無不覆幬。譬如四時之錯行，如日月之代明。萬物竝育而不相害，道竝行而不相悖。小德川流，大德敦化。此天地之所以爲大也。

——摘錄自《國文天地》七十七年九月號

「馬馬虎虎」、「張羽煮海」的解釋、出處

問

一、「馬馬虎虎」一詞的出處？

二、「張羽煮海」的典故？（永和讀者．鄧玉美）

答

臺灣師大國文系教授許錟輝：所問簡覆如下：

一、「馬馬虎虎」一語乃清代俗語，清人小說中多見。如清曾孟樸著《孽海花》第三卷第六回：「馬馬虎虎逼著朝廷簽定。」是其例。

二、「張羽煮海」也作「張生煮海」，乃元人李好古所撰雜劇名。寫潮州青年張羽，與東海龍王之三女瓊蓮相戀，相約於中秋在沙門島成婚，龍王反對，放水淹島，張生得仙女之助，煮沸海水，

龍王乃許其婚事。

《曲海總目提要》云：「事出小說，在疑信之間。」又羅錦堂《現存元人雜劇考》云：「按張生煮海劇，亦本唐人《柳毅傳》脫出。」考《後漢書·方術傳》載方士徐登能禁溪水不流，又柳宗元《龍城錄》載扶風馬孺子，戲郊亭上，有亭女墮地，少年光豔，孺子悅之，女稱天帝謫我下凡七日，因化爲龍而去。是〈張羽煮海〉劇，乃李好古據前人所傳仙家煮海之說，以及龍女下凡故事敷衍而成。

——摘錄自《國文天地》七十六年五月號

「爲善無不報」語氣是否太强？

問 〈瀧岡阡表〉文末，歐陽修最後說：「善無不報，而遲速有時」的時候，語氣爲何那麼强烈，是否有什麼隱情；不然，「爲善無不報」這字眼不是太强烈了嗎？（臺北讀者・陳爾惠）

答 **政治大學中文系教授張雙英**：要分辨歐陽修說：「爲善無不報，而遲速有時。」是否另有隱情，得先瞭解以下的情況：

我們讀〈瀧岡阡表〉時，常覺得歐陽修父母的性格與品德非常生動地展現眼前，這是因歐陽修採取了讓其父母以自己的言談來自我表白的手法所致。此阡表的行文一直到：「嗚呼！爲善無不報……」之句時，歐陽修才開始表達自己的觀點；而「嗚呼」兩字乃古來銘誄祭文類作品中，作者在描述完逝者後，用來自訴胸臆時的普遍開場白，本不關「語氣的强弱」與否。

歐陽修一生在各方面的偉大成就可說都由「母教」而來。他出生時，父親五十五歲，母親二十六歲；四歲時，父親去世，而母親才三十歲，但卻立誓守節，不顧窮困地「以荻畫地」教歐陽修讀書，並隨時向歐陽修轉述其父的言行、叮嚀。凡此，不但塑造了歐陽修在學問及人品上的模式，更使歐陽修以「孝」爲終生奉行的圭臬。

宋仁宗因無嗣，乃以濮王之子曙爲太子，曙登基後是爲英宗，於加封羣臣時，對自己生父濮王的册封應題爲「皇考」或「皇伯」而引起有名的「濮議」之爭。司馬光以皇帝世系之正統宜分明的立場主張題爲「皇伯」，但歐陽修則引《儀禮・喪服記》及《開元開寶禮》：「爲人後者，爲其生父齊衰，……爲所後父斬衰，……是所後所生皆稱父。」爲據，又引漢宣帝及光武帝皆稱其父爲「皇考」爲例，主張英宗應題其生父濮王爲「皇考」，由此可見歐陽修對

「子」與「父」的關係是如何的重視。

在我國歷史上，除國史外，尚有注重個人的年譜，家族與宗族的家譜及族譜，都是為一人、一家或一族追尋根源、明瞭世系、闡揚倫理、關係的「根源」所在。這類著作起於周朝而盛行於講究門第的東漢末與魏晉，但在南北朝時因戰亂、唐朝時又因以科考舉人，致使大量散佚及沒落，到了宋朝，即因歐陽修、蘇洵、蘇軾等的提倡而又大盛，到南宋時，大儒朱熹甚至說：「三代不修譜是為不孝」的話，而歐陽修之重視「孝」及「家」、「族」亦由此可見。

歐陽修於熙寧三年寫〈瀧岡阡表〉時為六十四歲，時任兵部尚書、知青州。但自六十一歲起，歐陽修即因歷經數十年政海浮沈之感受、年齡已老大、健康也轉差而屢屢上書請調至離家較近之處或退休，但都因朝廷想借重其聲望及能力而不獲准。也就在這一年，他也以自嘲的方式將自己的一生寫成了有名的「六一居士傳」，可見他當時已到了對人生進行「反省」的境界。

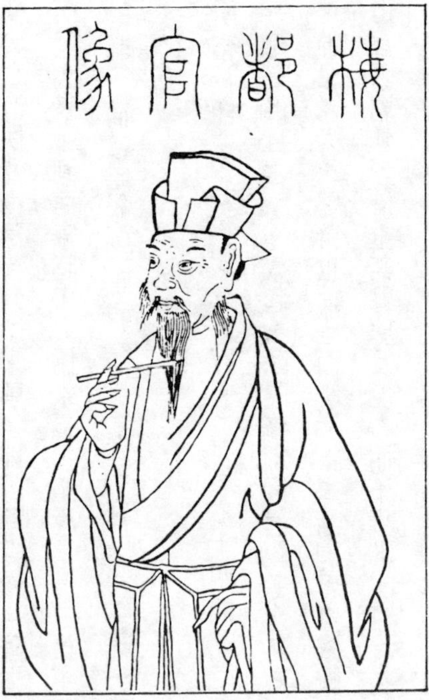

■歐陽修像

基於以上的認識，我們不難瞭解何以歐陽修會在文末說：「小子修之德薄能鮮，遭時竊位，……其來有自。」而這裡的「自」——原因，即稍前所述之「祖考積善成德」，但無法親享其功，致轉成庇蔭子孫。換句話說，歐陽修是用自身爲例來說明：「爲善無不報，而遲速有時。」的常理，這當然是歐陽修「善必歸親，推崇祖先」的孝心表現。因此，我們讀此阡表時，實不宜將這兩句單獨挑出做無根據的泛論及臆測。據前後文來看，此兩句並未含有「孝」以外的任何隱情。

——摘錄自《國文天地》七十九年十月號

「若能離更合，覆水定難收」作何解？

問

一、「若能離更合，覆水定難收」一語出自何處？爲何意？

二、「更」做何解釋，其詞性及讀音又各爲何？（臺北讀者．陳秋元）

答

淡江大學中文系教授莊雅州：一、「若能離更合，覆水定難收。」語出《拾遺記》（舊題前秦王嘉撰）：「太公望初娶馬氏，讀書不事產，馬求去。太公封齊，馬求再合，太公取水一盆，傾於地，令婦收水，惟得其泥，太公曰：『若能離更合，覆水定難收。』」《鶡冠子》、《類林》均有類似的記載，漢人朱買臣亦有大同小異的故事。

本來是說夫妻離異後，無法再結合，就像潑出去的水不能收回一樣。如今凡是事情已成定局，無法挽回，均可以「覆水難收」為喻。

二、更，音ㄍㄥˋ，副詞。是「再」、「復」、「重新」、「然後又」的意思，表示一個動作將在另一個動作結束後再度出現。

——摘錄自《國文天地》七十七年七月號

八字沒一撇

問 我們經常用「八字沒一撇」來形容某事物的停滯、未成長、或空穴來風、捕風捉影，即一點眉目也沒有。如此用法似乎欠妥，因爲「八」字才兩筆，有了一撇，已完成了百分之五十，接近成功，而與事實不符。「永」字有八種筆法，幾乎每一位中國人（尤其是練習書法的人）都很清楚，所以將「八字沒一撇」改成「永字沒一點（側）」，不是更傳神嗎？（臺北讀者・楊禮義）

答 **東吳大學中文系教授王國良：**「八字兒沒見一撇」，也省略作「八字沒一撇」。按照筆順，「八」字先寫一撇（丿），再寫一捺（㇏），就算完成。現在既然連首筆的一撇都未見到（不是整個字

成　語

只少一撇），次筆的一捺更別提了。所以我們通常用這句話來表示事情還不具備條件，或者連個影子也沒有，毫無眉目的意思。

俗語的特色，就是要簡單明瞭，人人易懂。楊先生提出「永字沒一點（側）」，以爲更傳神，這意見固無不可。不過從前教育不太普及，借「八」字作比喻，相信比說「永」字更容易引起共鳴，不是嗎？

清翟灝（字晴江）（西元一七三六～一七八八年）《通俗編》卷卅二「八字打開」一條，引朱熹〈與劉子澄書〉：「聖賢已是八字打開了，人自不領會，卻向外狂走耳！」翟氏按語云：「今有『八字不見一撇』之諺，似又因於此語。」可知最晚在清代乾隆時期已經流行這句俗語。不過朱子所指係星相家依據人的出生年、月、日、時，推算其福祿壽命的「八字」，與俗語裡的「八」字不同。翟晴江先生學者式的想法，反而造成誤解了。

——摘錄自《國文天地》七十八年十月號

迺出牛背上？

問 《世說新語．雅量第六》：「王夷甫犯而不校，牽王丞相臂共載去，在車中照鏡語丞相曰：『汝看我眼光，迺出牛背上。』」請問「迺出牛背上」一語作何解？（臺北讀者．李啓純）

答 **臺灣師大博士張仁青**：意謂胸懷夷曠，不與人計較也。《世說新語．雅量》：「王夷甫（王衍）嘗屬族人事，經時未行，遇於一處飲燕，因語之曰：『近屬尊事，那得不行？』族人大怒，便舉樏（飯盒）擲其面。夷甫都無言，盥洗畢，牽王丞相（王導）臂，與共載去。在車中照鏡，語丞相曰：『汝看我眼光，迺出牛背上。』」劉孝標注：「王夷甫蓋自謂風神英俊，不至與人校（通較）。」按此事又見於《晉書・王衍傳》：「衍嘗因宴集，爲族人所怒，舉樏擲其面。衍初無言，引王導共載而去。然心不能平，在車中攬鏡自照，謂導曰：『爾看吾目光，乃在牛背上矣。』」二書雖詳略不同，但參看後其文意當更爲顯豁。王衍爲一代清談宗師，胸襟曠達，度量寬宏，雖受辱於族人，亦不願怒目相向，反而將目光投射在牛背之上。此種「犯而不校」之豁然大度，眞不愧爲「一世龍門」。劉義慶撰《世說》，將其事列入〈雅量〉中，實非無見。又按六朝時代，中級以上官僚，乘坐牛車者甚爲普徧，《隋書・禮儀志》論其制甚詳，可參閱。

復按楊萬里詩：「一點目光牛背上，五絃心在雁行間。」丁鶴年詩：「留取乾坤雙老眼，夕陽牛背看青山。」均用此事，惟取義稍異耳。

——摘錄自《國文天地》七十五年八月號

「而其末可乘」與「而其勢未可乘」的區別

問

一、高中國文第四冊第六課〈留侯論〉中：「其鋒不可犯，而其末可乘」和「其鋒不可犯，而其勢未可乘」是否有區別？宜作何解？

二、據適生先生〈留侯論文章風格〉一文：「其鋒不可犯，而其勢未可乘」的對偶句警策形式為何？（澎湖讀者．董恕信）

答

高雄師院國文系教授李金城答：一、兩者差別很大。「而其勢未可乘」承「其鋒不可犯」而來，兩句文意相近。於此，「而」字當連詞用。另「而其末可乘」則與「其鋒不可犯」對舉成文，兩句文意相反。於此，「而」字當轉折詞用。兩句之解釋：

「其鋒不可犯，而其勢未可乘」：意謂：（秦初嚴刑峻法，氣燄很盛）面對如此銳利的鋒鋩，是無法抗拒它，對它造成傷害的。而且在那種情勢之下，是找不到可資利用、可以有所作為的機會的。

「其鋒不可犯，而其末可乘」意謂：面對那樣銳利的鋒鋩，雖然一時無法抗拒它、傷害它，但終究是可以找到可資利用、可資報復的機會的。（因執法者本身之鬆懈，或久之造成天怒人怨的局面）

鋒　鋒鋩（一作芒）也，刀劍或兵器之尖銳處，在此比喻銳氣或強盛之力勢。

勢　猶機會、情況也。

乘　因也、利用也。

末　作「始末」之「末」解。

二、東坡居士之文筆峻利明快，其於辨是非、論利害，常能針針見血，切中實際。於是後世論者因其卓越之見與精闢之思之能發

■《留侯論》的主角：張良

人深省，以資戒惕，故往往以「警策」推許其文。而對偶乃文家源於對稱美之講求，或爲加重語氣、加深讀者印象等功能而營造。初爲自然成文，惟晋宋以還，在唯美風氣之下，遂刻意講求而極力賣弄。而東坡乃散文家，在無意求工之情況下，寫成如適生先生在四月分《國文天地》〈留侯論文章風格〉一文所提：「忍小忿而就大謀」、「其鋒不可犯，而其勢未可乘」、「拔劍而起，挺身而鬥」、「卒然臨之而不驚，無故加之而不怒」等四個對偶句而覺其「警策」。於此，本人倒覺得，以上數個對偶句之最大特色在於筆調自然，整齊簡練而語味雋永。至於「警策」與否，純屬個人觀感，於此似與對仗句法較無關連。

——摘錄自《國文天地》七十七年九月號

有趣的中國字

楊振良◉著

本書將中國文學最浪漫的字眼逐一提出，做放大鏡式的集中欣賞；作者深習莊子哲學，書中時時透出適性逍遙的觀點，對工商社會心靈乾涸的人們而言，是一劑有效的清涼良方。

111頁／16開／平裝　定價130元

萬卷樓圖書有限公司
門市地址：台北市和平東路1段67號14樓之1
電話：02-3952992・3216565
傳真：02-3944113　帳號：15624015